달려라 원시발명왕 폴

양원동 지음

-불의 발견-

사이버북스

머리말

불의 발견은 인류 역사를 바꾼 가장 놀라운 순간이라 할 수 있습니다. 인류문명은 불의 힘으로 새로운 시대를 열었습니다. 초기 인간은 약 150만 년 전부터 불을 다룰 수 있었다고 추정되지만, 정확한 시기는 학자들의 의견이 분분하고 여전히 논쟁거리입니다.

불을 제어하는 능력은 초기 인간에게 많은 혜택을 주었는데, 다양한 음식을 요리하여 소화가 쉬워지고 풍부한 영양소를 섭취할 수 있게 하였고, 따뜻함과 안전을 제공하여 밤에도 활동할 수 있게 하고 생산성을 향상시켰습니다. 인류문명이 발전하면서, 불은 혁신과 진보의 핵심이 되었고, 도구·무기·도자기 등 다양한 분야에서 불의 역할은 필수적이었으며, 인간의 창조력과 지혜로 상징하며 종교와 영성, 마법과 같은 의식에도 쓰였습니다.

그러나 불의 발견은 단점도 동반하였는데, 인간의 정착과 농업 생산을 위해, 숲과 초원을 태우는 방식으로 공간을 확보하여 환경에도 부정적인 영향을 주였고, 이것은 생태계에 커다란 악영향을 주었으며, 지구의 생태계에 변화를 일으켰습니다. 그 외에도 다수의 단점이 있을 것입니다.

그러함에도, 불의 발견은 인류 역사에서 가장 결정적인 발견이었으며, 인류의 문화, 기술, 환경에 깊이 각인되었고, 불의 발견이 없었다면 인류문명의 진화는 완전히 다른 방향으로 흘렀을 것이며, 불의 유산은 오늘날까지 인류 생활 전반에 걸쳐 계속되고 인류의 발전과 성취에 필수 불가결한 요소로 남아 있습니다.

이 책은 가상의 인물인 '폴'의 모험을 통해 원시시대에 청동기가 발명되고, 이런 일이 가능했을 것으로 판단한 작가의 순수 창작물입니다. 폴은 하늘에서 내려온 벼락으로 우연히 불을 발견하고 부싯돌로 불을 피우는 방법을 발명하여 부족의 영웅이 되고, 불을 가열한 돌에서 우연히 나오는 청동을 보고 청동기를 만들어 내어 석기시대에서 청동기시대를 연다는 대단한 업적을 이루어 나간다는 이야기입니다. 폴은 청동 칼과 청동 화살, 청동 도끼, 청동 갑옷과 같은 강력한 청동 무기로 무장한 210명의 전사와 함께 자기 가족과 친구들을 죽인 원수를 갚고, 약혼녀 '리나'를 구하기 위해, 원수 '오크'가 있고, 돌 무기로만 무장한 야만 부족 야비족 5,000명과 하이방 벌판에서 맞서 싸워 대승을 만들어 냅니다.

이 전투에서처럼 숫자적 우세는 신기술 앞에서 무의미하며, 과거 철기군 전투와 동학 농민운동에서처럼 숫자는 아무런 의미가 없었던 것입니다. 이처럼 신무기의 발명으로 인해 숫자적 열세를 극복한 전투는 역사에 많이 남아 있습니다.

본 저서는 폴이 불과 청동을 이용하여 고난과 역경을 극복하고, 나아가 큰 나라의 지도자로서 행복한 삶을 살아가는 이야기를 담고 있습니다. 여러분들이 이 책을 읽으면서 발명의 과정과 흥미로운 상상력을 배울 기회가 되길 바랍니다.

이 글에 영감을 준 선대 발명가들과 현시대의 발명가들에게 감사하고, 책을 출간할 수 있도록 도와준 사이버북스 엄보현, 김정연 대표와 특히 사랑하는 나의 아내와 가족들에게도 감사드립니다.

저자 양원동 배상

제1부 원시 발명왕 폴

제1장 사고뭉치 발명왕 폴 ················ 4
1. 벌들의 공격 | 5
2. 개구쟁이 폴 | 19
3. 감나무 가지에 그네를! | 23
4. 주술사에게 찍힌 폴 | 26
5. 곰과의 혈투 | 28
6. 사람 잡는 구덩이 | 37

제2장 폴의 발견과 발명 ················ 41
1. 불의 발견 | 42
2. 인류 최초의 화식 | 47
3. 불의 힘과 능력 | 51
4. 부싯돌의 발견 | 55
5. 식물도 구워 먹을 수 있는 불판의 발명 | 62
6. 사업가 폴 | 71

제3장 시련과 방황 ················ 73
1. 배신자 오크 | 74
2. 넘버2 오크 | 77
3. 불쌍한 우리의 리나 | 83
4. 폴의 좌절과 방황 | 107
5. 리나를 위한 특공대 | 110
6. 리나 오빠의 장렬한 최후 | 115
7. 야비 부족의 원정과 악마 오크 | 118
8. 칸 부족의 피신과 루틴의 사망 | 120

제4장 청동의 발견과 발명 ················ 123
1. 돌판에서 동이 나온다고? | 125
2. 세계 최초 동무기의 발명과 탄생 | 131
3. 리나의 시련과 고통 | 135

제5장 전사 폴의 진격 ················ 143
1. 청동 무기 vs 돌 무기 | 144
2. 동 갑옷의 탄생 | 146

3. 전사 210 vs 2,000 | 152
4. 야비의 총공격 | 160
5. 야비의 패전과 도주 | 166
6. 야비와 오크의 체포와 처벌 | 168
7. 리나와의 재회 | 172
8. 거대 부족의 왕 폴 | 173

제2부 불의 발견과 발명

제1장 위대한 발명 불 ········· 183
1. 불과 인간 | 184
2. 불과 함께 발전한 문명 | 193
3. 우리나라 선사시대의 식생활 풍습 | 202

제2장 기후에 의한 삼색인종의 탄생 ········· 209
1. 삼색 인종과 앨런의 법칙 | 210
2. 황인종의 특징 | 212
3. 백인종의 특징 | 218
4. 흑인종의 특징 | 220
5. 황인종, 백이종, 흑인종의 차이점 | 223
6. 우리 조상은 원래 추운 곳에서 살았다 | 225
7. 아직도 존재하는 지구상 유일한 신석기인 센티널족 | 227

제3장 발명과 전쟁 ········· 233
1. 우금치 전투와 신발명 승리의 법칙 | 234
2. 짐바브웨 전투 | 238
3. 옴두르만 전투 | 240

제4장 또다른 불의 발명 ········· 245
1. 제2의 불 전기 | 246
2. 제3의 불 원자력 | 252
3. 제4의 불이 될 수 있는 달의 '헬륨-3' | 261

제1부

원시 발명왕 폴

제1장 사고뭉치 발명왕 폴
제2장 폴의 발견과 발명
제3장 시련과 방황
제4장 청동의 발견과 발명
제5장 전사 폴의 진격

제1장

사고뭉치 발명왕 폴

현 인류의 조상 호모에렉투스인 칸 부족은 아프리카 남부의 평화롭고 조용한 지역에서 5백여 명의 씨족 단위로 살고 있었다.

오늘의 주인공은 부족을 이끄는 믿음직하고 정의로운 족장 칸의 외아들인 비범한 폴에 관한 것이다.

폴은 멋지고 잘생긴 외모와 더불어 강인한 남성미를 갖춘 훈남이며 부족 처녀들의 로망 1순위로 그녀들의 마음을 설레게 했다. 이러한 폴은 어려서부터 남들과는 달라도 매우 달랐다. 특히나 창의력과 호기심이 워낙 뛰어나다 보니 이를 주체 못해 엉뚱한 짓과 사고를 잘 쳤다.

1. 벌들의 공격

먼저 폴의 15세 여름에 일어난 일이었다. 동굴 입구를 기준으로 위쪽 지면에서 약 50m 지점 가파른 절벽에 언제부터인가 노란 호박같이 생긴 물체가 갑자기 매달린 것을 발견하였고 이를 이상하게 여긴 폴은 이 물체를 날마다 예의 주시하였다.

어느 날 어머니 낸시에게 폴은 물었다.

"엄마, 우리 동굴 입구 위쪽을 한번 보세요. 전에는 볼 수 없었던 늙은 호박 같은 것이 얼마 전부터 매달려있는데 저게 도대체 뭐예요?"

엄마 낸시는 유심히 보더니

"폴아, 벼랑 위에 달린 저 물체는 아마도 커다란 벌집 같구나. 벌집을 건들면 벌들이 튀어나와 마구 쏘아 위험하니, 돌을 던지거나 그 근처에 가면 절대 안 된다."

"엄마, 걱정하지 마셔요. 깎아지른 벼랑이라 올라가고 싶어도 못 가고, 돌을 저 높은 곳까지 던질 수도 없으니 안심하세요. 사실 어제도 제가 벌통에 돌을 한번 던져보았는데 너무 높아서 돌은 중간에도 못 미쳤어요."

그 벌집은 꿀이 계속 보충돼서 그런지 날이 갈

수록 점점 그 크기가 커졌다.

붉은 노을이 지평선에 아름답게 석양이 드리워지는 해질 녘, 리나가 그 벌집을 보고

"오빠, 저 벌집에는 꿀이 가득하다고 친구들이 그랬어. 갑자기 달콤한 벌꿀을 너무 먹고 싶다. 오빠야, 저 벌집 따줘."

"그래 알았어, 내가 저 높은 곳으로 올라갈 방법을 찾아서 저 벌집을 따서 꿀을 빼줄게. 며칠만 기다려봐. 리나야. 나는 리나가 원하는 건 뭐든지 해줄 거야."

"고마워 오빠, 나는 오빠가 제일 좋아 ㅋㅋ."

폴은 귀여운 약혼녀 리나에게 벌꿀을 따주기로 약속했다.

폴은 지난 여름 부족형들과 숲속으로 사냥을 나가서 숲 깊숙한 곳에 쓰러진 통나무 안에 꿀벌 집이 있는 걸 알았고 꿀벌들의 맹공격을 무릅쓰고도 형들이 달콤한 꿀을 배낭 가득 채취하는 것을 보았다.

그리고 꿀을 채취 후 벌에 쏘여 형들의 얼굴이 마치 누구한테 심하게 두들겨 맞은 것처럼 여기저기 불룩하게 부은 걸 보고 서로 배꼽 잡고 웃은 적이 있었다. 그리고 그렇게 채취한 벌꿀을 가족들과 아주 맛있게 먹은 기억이 있었다.

폴은 항상 아침저녁으로 동굴 위 걸린 벌집을 유심히 살펴보았다. 동굴 위에 붙은 벌집은 멀리서 보아도 그 크기가 엄청나게 커서 꿀도 꽤 많이

들어있을 것으로 생각했다.

'어떻게 하면 벌집을 딸 수 있을까?'

며칠을 고민하고 또 고민하였으나 아무런 해답을 찾지 못하였다.

동굴 앞쪽은 매우 가파른 암석으로 이루어져 사람이 도저히 타고 올라갈 수가 없었으며, 단 하나의 방법은 동굴 뒤쪽의 산을 타고 올라가서 나무에 밧줄 같은 것을 묶고 그 밧줄을 타고 벌집 쪽으로 내려와서 벌집을 따는 방법밖에 없었다.

칸 부족에게는 동물을 사냥할 때 쓰는 얇은 올가미 밧줄이 있었는데 그 밧줄은 길어야 3m 남짓이라 사용이 어려웠다. 그리고 벼랑을 오를 때 손으로 움켜쥐는 매듭도 없어 벼랑을 타기는 무리였다.

여태껏 부족원들이 밧줄을 타고 산을 타거나 등산하는 일은 여태껏 한 번도 본 적이 없었다.

동굴 뒤쪽의 산에 올라가서 근처 나무에 밧줄을 매고 절벽에 붙어있는 벌통으로 내려가려면 적어도 40~50m 길이의 튼튼한 밧줄이 있어야 했다.

한편 부족의 올가미[1] 밧줄을 여러 개 묶어 사용하면 어떨까 했는데

---

[1] 올가미는 줄로 만든 덫이다. 올무라고도 한다.

그 밧줄은 가늘고 묶은 매듭이 풀릴 수 있어 천 길 낭떠러지 벼랑에서 장시간 체중을 지탱하기에는 매우 위험하다는 생각이 들어 사용하지 않기로 했다.

과연 밧줄을 무슨 재료로 만들어야 과연 튼튼할까? 폴은 며칠을 고민하다가 동굴 위쪽으로 길게 쭉 퍼져나가 자라고 있는 칡넝쿨을 우연히 발견하게 되었다.

그중 하나를 힘껏 당겨 보았지만, 칡넝쿨은 건재하였다. 그리고 칡넝쿨을 3m 정도 돌칼로 자른 후 나무에 묶어 힘차게 당겨 보았다.

이 칡넝쿨은 생각보다 매우 튼튼하여 폴의 힘으로는 절대로 끊어지지 않았다.

'맞아! 이거야'

'칡넝쿨을 엮어서 밧줄을 만들면 튼튼하고 안전하게 꿀을 딸 수 있을 거야.'

폴은 동생 리나의 오빠이자 자신보다 1살 어린, 앞으로 처남이 될 베스트 프렌드 동생 리반과 동굴 주변 산을 온종일 돌아다녀 칡넝쿨을 많이 확보하였다. 다음날 둘은 이를 잘 다듬고 말리는 작업을 하였다.

그다음 날은 칡넝쿨 3개를 튼튼하게 꼬아 50m 가량의 긴 밧줄과 꿀통을 묶어 끌어 올릴 얇은 끈 20m을 추가로 만들었다.

또 그다음 날은 산을 타고 내려올 때 손으로 잡고 발을 올릴 수 있는 걸이를 큰 밧줄에 70cm 간격으로 단단하게 고정했다.

폴과 리반은 자신들이 만든 손잡이 달린 멋진 생애 최초의 밧줄 발명품을 보고 기쁨에 빠졌고, 폴은 달콤한 꿀을 예쁜 리나와 같이 마음껏 먹을 수 있다고 생각하니 벌써 가슴이 설렜다.

이런 폴과 리반의 행동을 며칠간 지켜본 절친 오크는

"폴, 너 요즘 왜 그렇게 바쁘게 움직이고 있니? 그리고 이 밧줄은 도대체 뭐야? 이걸로 뭘 하려고 그래?"

하고 물었다.

그리고 오크는 계속해서 의아해하며 말했다.

"그런데 이 밧줄 진짜 튼튼해 보이는데! 신기한 손잡이도 달려있고, 혹시 여자아이들 그네 매줄려고 하는 거 아니냐? 옆 부족 마을 여자애들이 그네 타는 걸 보고 우리 부족 여자애들이 너무 부러워하더라고. 나한테도 그네 만들어 달라고 하길래 나는 그런 거 못 한다고 했는데, 폴 네가 만들어 준다면 정말 좋아할 거야. 그거 맞지?"

"오크야, 이 밧줄은 그네 만들려고 하는 게 아니야. 너한테 보여줄 게 있어. 지금 나하고 같이 가자."

하고 폴은 오크의 손을 잡고 동굴 입구로 뛰어갔다.

"오크야, 저기 봐라."

"어디?"

"우리 동굴 입구 50m 지점에 노란색 벌통이 달린 거! 눈 깜짝할 사이에 벌들이 날아오는 걸 볼 수 있을 거야."

오크는 동굴 위를 쳐다보다 커다란 벌집을 발견하고 깜짝 놀랐다.

"와, 대박! 엄청나게 큰 벌집이네? 벌집이 저렇게 크니 꿀이 아주 많이 들어있겠네?"

"맞아, 오크야, 우리 내일 아침 먹고 꿀 따러 가자. 꿀 따면 너도 많이 나누어 줄게."

"그러지 말고 우리 셋이 공동으로 작업하는 것이니 셋이 공평하게 나누어 가지자꾸나."

"그래, 폴, 좋아. 내일 아침에 일찍 가자."

다음날 꿀을 딸 욕심에 아침밥을 먹는 둥 마는 둥 하고 폴과 리반, 오크는 폴의 생애 첫 발명품인 손잡이 달린 밧줄과 벌통을 묶어 올릴 끈과 꿀을 담을 가죽 보자기와 배낭, 얼굴까지 가릴 수 있는 가죽 보자, 돌칼과 길이가 긴 돌창을 챙겼다.

그리고 동굴 뒤쪽의 험준한 산에 올라가기 시작하였다.

동굴 뒤쪽에 있는 산은 급경사 형태로서 산세가 험하여 칸 부족원 누구도 감히 올라갈 엄두를 내지 못하였던 곳이었다.

세 친구는 서로 당기고 밀어주면서 거의 점심 때가 다되어 낑낑대며 정상에 도착하였다.

무엇보다 칡넝쿨로 짠 긴 밧줄이 무거워 서로 바꾸어 들어가면서 힘들게 올라왔다.

드디어 정상에 도착하였다. 20m의 절벽 아래에 노란 색깔의 큰 벌통이 보였는데 동굴 밑에서 보는 것보다 가까이서 보니 두 배도 넘게 엄청나게 컸다.

"얘들아, 우리 너무 힘들게 올라왔으니 30분 정도 쉰 후에 작업을 시작하자꾸나."

30분 휴식 후 그들은 제일 먼저 근처 굵은 소나무에 밧줄을 여러 차례 튼튼하게 묶었다. 그리고 밧줄 다른 쪽을 끌고 와 벌통 방향으로 맞추고 서서히 내렸다.

먼저 폴이 밧줄을 타고 내려가고 벌통을 따서 올려주면 오크와 리반이 이를 받아 서로 가져온 가죽 배낭에 꿀을 넣기로 합의했다.

이윽고 폴은 허리에 벌통을 묶을 줄을 매고, 긴 돌창은 멜빵을 만들어 어깨에 찼다.

그리고 모자를 쓰고 턱에 묶고, 밧줄을 타고 조심스럽게 벌통 쪽으로 신경을 곤두세워 조심스럽게 내려갔다.

벌통 주변에 윙윙거리며 벌들이 들락날락하는 것이 보였고 생각보다 벌의 크기가 엄지손가락만큼이나 컸다.

전에 부족형들과 벌꿀을 딸 때 본 벌은 새끼손가락 한마디만 했는데 여기 있는 벌은 그 크기가 10배 이상이나 되는 듯 엄청나게 컸다.

벌이 이렇게 크고 벌통이 저렇게 크니 벌통엔 꿀이 정말 많이 담겨있어 부족원 200명도 더 먹을 수 있다는 뿌듯한 생각을 했다.

그리고 벌집 따는 것은 벌이 나오기 전에 잽싸게 따야 한다는 말을 부족원들에게 전해 들은 기억이 났다.

벌집을 따기 위해 제일 먼저 조심히 준비한 가죽으로 벌집을 감쌌고 준비한 작은 끈으로 벌통을 묶었다,

그리고 긴 돌창으로 벌통과 바위가 붙어있는 곳에 창을 깊숙이 밀어 넣고 벌통이 바위에서 이탈되도록 위아래로 강하게 창을 흔들었다.

조금 후 '빠지직' 소리를 내면서 벌통이 바위에서 거의 이탈되는 그 순간 벌집 안에 있는 벌들 수백 마리가 벌집의 흔들림과 침입을 감시하고 마구 쏟아져 나왔다. 그리고 벌들은 벌통을 따라 밧줄에 매달려있는 폴을 감지하였다. 그리고 즉시 달려들어 침을 쏘며 맹공격하기 시작하였다.

폴은 커다란 여러 마리의 벌이 몸 여기저기를 마구 쏘아대는 바람에 그만 손으로 잡고 있던 벌통을 결박한 작은 끈을 놓치고 말았다.

폴은 벌에 대한 아무런 사전 지식도 대비도 전혀 없었던 상태로 무작정 친구들과 꿀을 따러 온 것이었다. 폴의 온몸에 벌들이 마구 달려들어 침을 쏘는데 엄청 아파서,

"오크야, 리반아, 살려줘."

하며 소지품을 모두 팽개치고 황급히 손잡이 밧줄을 타고 위로 올라갔다.

밧줄을 타고 리반과 오크가 있는 산 위로 재빠르게 올라왔는데 수백 마리의 벌들이 같이 따라와 이젠 폴과 오크, 리반 셋을 모두 총공격하였다.

"앗, 따가워."

"아파, 너무 아파."

셋은 벌의 총공세를 받으며 가져온 물건도 다 버리고 뒤도 안 돌아보며 넘어지고 까지는 것도 아랑곳하지 않고 황급히 산 밑으로 내려왔다.

얼굴과 온몸의 벌에 쏘인 자국이 어느새 울퉁불퉁 부풀어 올랐고 머리가 어지럽고 온몸이 화끈거렸고 오크는 구토까지 하였다.

셋은 통증을 참으며 동굴로 달

려오는데 동굴 앞에는 예기치 못한 실로 엄청난 광경이 벌어졌다.

수백 명의 부족원들이 동굴 입구 광장에서 어제 사냥한 매머드* 고기를 점심으로 먹고 있었다.

그런데 갑자기 하늘에서 벌통이 땅으로 떨어지더니 그 속에서 수천 마리의 화가 난 벌들이 쏟아져 나와 식사하는 부족 사람들 남녀노소를 가리지 않고 맹공격을 한 것이었다.

이유인즉, 좀 전에 폴이 벌통을 따려고 돌창으로 벌통을 바위에서 거의 이탈시키고 벌을 묶은 끈을 놓치는 바람에 무거운 벌통이 바위와 분리되었다. 그리고 그만 부족원들이 식사하는 지면으로 떨어진 것이며 낙하 충격으로 벌통이 부서지면서 벌들이 모두 바깥으로 튀어나온 것이다.

200명 이상의 부족이 벌들의 맹공격을 받았는데, 알고 보니 이 벌은 꿀벌이 아니고 꿀벌을 잡아먹고 꿀을 약탈하는 공격력이 강한 무시무시한 곤충계의 폭군 장수말벌**이였던 것이었다.

땅으로 떨어져 박살이 난 벌통 안에는 꿀은 단 한 방울도 없었고 꿈틀거리는 말벌 애벌레만 잔뜩 있었다.

이런 말벌들의 무서운 공격에 어린아이의 부모들은 아이에게 매우 치명적인 벌의 공격을 막고자 자기 몸으로 아이의 몸을 감싸는 안쓰러운 모습도 볼 수 있었다.

매머드[Mammoth]*

신생대 플라이오세[Pliocene]인 약 500만 년 전부터 아프리카, 유럽, 아시아, 북아메리카에 살았던 장비목[長鼻目, Order Proboscidean] 코끼리 과[Family Elephantiases]에 속하는 포유류로 마무투스[mammoths] 속에 속하는 종들을 일컫는다. 흔히 떠올리는 매머드의 인상은 추운 빙하 지역의 긴 털을 가진 거대한 종뿐이지만, 다양한 지역, 다양한 환경에 적응한 다양한 종들이 있었다. 과거에는 매머드로 불렀으나, 최근에는 영어 발음을 따라 맘모스라 부르는 경향이 있다.

출처 [지질학 백과]

장수말벌**

전 세계에서 가장 큰 말벌이다. 주 먹이원은 꿀벌이다. 장수말벌은 다른 말벌과 사냥 습성이 조금 다르다. 장수말벌은 초기에 한두 마리가 먼저 주변을 살핀 다음에 먹이가 될 만한 게 있다면 거기다 페로몬을 묻혀 놓는다. 그러고는 돌아와서 동료와 함께 10여 마리가 같이 가서 집단으로 사냥한다." 장수말벌은 머리가 크고, 뺨이 굉장히 발달해서 여기서 강력한 턱 힘이 나온다. 꿀벌을 사냥할 때 이빨로 목이나 허리같이 가장 약한 부분을 잘라서 죽이며 1초에도 몇 마리씩 잡자마자 머리를 자르기 때문에 집단 학살을 일삼는다. 장수말벌 10마리 정도면 꿀벌 2만, 3만 마리를 30분 만에 몰살할 수 있으며 꿀벌 집을 초토화하는 무서운 벌이다.

부족 일부는 갑작스러운 벌의 맹공격으로 그들이 자는 동굴로 도망갔는데 머리가 좋은 말벌들은 두 패로 나누어서 그중 한패가 동굴에 들어간 부족을 쫓아가 마구 침으로 쏘았다.

폴의 빗나간 호기심으로 인하여 부족원들이 생난리가 났고 큰 고초를 겪었다. 무엇보다 가장 많이 말벌에 공격받은 사람은 벌통을 따던 당사자 폴이었고 벌의 독으로 얼굴을 못 알아볼 정도로 퉁퉁 부었고 눈도 뜨지 못할 정도로 심각했다.

벌들이 물러난 후에 아버지 칸은 이 사실을 알고 말씀하셨다.

"폴, 벌통이라고 다 꿀이 있는 게 아니란다. 오로지 크기가 작은 꿀벌들만 꿀이 있는 것이란다."

그리고 말벌에 쏘인 폴을 비롯한 부족 사람들에게 박힌 말벌 침을 빼주고 벌 독을 해소하는 약초를 발라주었다.

폴과 오크, 리반은 말벌 독의 독성으로 몸져누웠고 7일간이나 심한 열을 동반한 호흡 곤란과 두통 및 가려움 증세로 호되게 고통을 겪게 되었다.

다음날 폴에게 문병을 온 리나는 폴의 퉁퉁 부은 얼굴을 보고 울며 말했다.

"오빠, 어떡해, 얼굴이 두 배가 됐어."

"말벌이면 벌집을 건들지 말았어야지? 오빠가 떨어뜨린 말 벌통 때문에 전 부족원들이 다 쏘이고 난리가 났어. 5살 먹은 여자아이 토니는 말벌의 독 때문에 아직도 혼수상태인가 봐. 아까 보니 주술사 할아버지가 약초를 바르고 주문을 외우시면서 치료하고 계셨어. 큰일이야."

"리나야, 미안해. 내가 좀 더 살펴보고 해야 했는데, 벌의 크기가 작년에 본 꿀벌보다 10배는 커서 이상하다고 생각했지만, 일이 이 지경이 될 줄은 꿈에도 몰랐어. 말벌이 이렇게 무서운 곤충이라는 것도 처음 알았다구."

"그나저나 리나, 너도 말벌에 이마 두 방 쏘였다더니 괜찮아?"

"뭐 겨우 두 방인데 뭘!"

"리반은?"

"어, 엄마가 족장님이 나누어주신 약초를 오빠랑 나한테 발라주셨어. 그리고 하루 지나니 괜찮아졌어. 오빠는 말벌에 100방도 넘게 쏘이고도 살아 있는 게 정말 용하다니까. 정말, 다른 사람 같으면 바로 죽었을 거야."

하며 리나는 약초 물을 폴의 벌 쏘인 곳 여러 곳에 발라주고 부드러운 손으로 살살 마사지도 해주었다.

"간지러워. 리나야."

"폴 오빠는 진짜 강한 사람이야. 말벌에 100방도 넘게 쏘였으니 아마 100살도 넘게 동굴 벽에 똥칠할 때까지 살 거야."

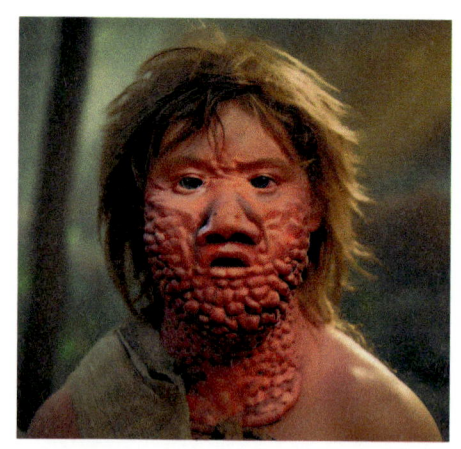

하고 웃었다.

폴의 호기심으로 인하여 자신을 비롯한 부족원들은 생각지도 못한 말벌 세례를 혹독히 받았던 것이었다.

2. 개구쟁이 폴

 그리고 그해 가을에 일이었다. 폴과 오크를 포함한 남자아이 10여 명과 리나를 포함한 소녀 10여 명은 근처 강가에 물고기를 잡고 열매를 따러 강가로 향했다.

 그날따라 고기가 잘 잡히지 않자 남자아이들은 숲으로 토끼를 잡으러 갔다. 숲속을 조금 가다 보니 언덕 아래에 구멍이 뚫어진 것을 보았다. 꼭 두더지 집 같았다.

 폴은 말했다.

 "얘들아, 이 구멍은 두더지 집 같아. 두더지 잡아 말려 먹으면 꽤 맛있단다. 우리 한번 이 구멍을 파보자."

 폴과 소년들이 가져온 돌도끼로 구멍을 열심히 팠더니 구덩이 안에는 두더지는 한 마리도 없고 새끼 뱀들이 우글거렸다.

 한 마리를 잡아서 이빨을 보니 독이 없는 구렁이* 새끼였다. 장난기가 발동한 폴과 오크 일행은 뱀을 잡아 소녀들이 열매를 따는 곳으로 갔다.

 "우리 이 뱀을 잡아 여자아이들 배낭에 넣어서 놀려 주자 어때?"

1부 원시발명왕 폴 19

"그래그래, 정말 재미있겠다."

소녀들은 배낭을 그늘에 놓아둔 채 들판에서 열매를 따는 데 여념이 없었다.

열심히 열매를 따는 소녀들의 눈길을 피해 가며 소녀들의 배낭에 뱀을 몰래 넣고 지켜보았다.

얼마 후 소녀들이 작은 배낭에 따온 열매를 큰 배낭을 열고 부었다. 그러나 뱀은 튀어나오지 않았다.

"왜 뱀이 안 나오지?"

"잠자나 보다."

"지루하다."

소년들은 재미없어하며 다시 돌창을 들고 물고기를 잡으러 강으로 갔다.

열매와 물고기를 어느 정도 획득하고 이들은 부족으로 돌아왔다. 동굴 광장에 모여서 남자아이들은 오늘 잡은 물고기를 한곳에 모아놓고 돌칼로 배를 갈라 내장을 제거했다.

그리고 소녀들은 부족 아주머니들과 함께 오늘 수확한 열매를 씻으려고 한곳에 모았다.

대나무로 짠 큰 광주리에 열매를 우르르 쏟아붓는데 그제서야 난리가 났다. 폴 일행이 넣어둔 뱀이 열매와 함께 갑자기 튀어나와 여기저기 헤매고 다녔다. 뱀을 마주친 소녀들과 아주머니의 비명이 쏟아져 나왔고 동굴 광장 앞은 순식간에 아수라장**이 되었다.

   남자아이들은 먼발치에서 키득키득 웃으며 소녀들과 여인들이 기겁하여 날뛰는 광경을 즐기고 있었고, 폴과 친구들이 뱀을 잡아 소녀들 배낭에 뱀을 넣어둔 사실을 다른 사람들은 모르고 지나갔다.

구렁이*

몸길이 1.5~1.8m이며 독이 없는 뱀이다. 등 중앙부의 비늘은 용골[龍骨]이 뚜렷하나 배 쪽으로 갈수록 희미해진다. 몸 빛깔은 개체변이가 심한데, 등 쪽은 녹색을 띤 황갈색 바탕에 검정 가로무늬가 몸통에 25~32개, 꼬리 부분에 8~11개 있다. 배 쪽에는 담황색 바탕에 어  두운 얼룩무늬가 있다. 머리와 목은 검은색이다. 새끼는 등이 짙은 황갈색이고 몸통과 꼬리에 붉은 갈색의 큰 가로무늬가 있다. 머리는 크고, 주둥이는 잘린 모양이며, 눈이 크고, 콧구멍은 타원형이다. 앞이마 판은 다각형으로 바깥쪽이 좁다. 민가의 돌담이나 방죽, 밭둑의 돌 틈에 서식하며 농가의 퇴비 속에 알을 낳기도 하는데 퇴비가 발효하면서 생기는 열로 부화가 된다. [네이버 지식백과]

아수라장[阿修羅場]**

싸움 따위로 혼잡하고 어지러운 상태에 빠지는 것. 불교 용어로 아수라는 화를 잘 내고 성질이 포악해서 좋은 일이 있으면 훼방 놓기를 좋아하는 동물이다. 아수라는 욕심 많고 화 잘 내는 사람이 죽어서 환생한 축생[畜生]이라고 한다. 따라서 아수라들이 모여서 놀고 있는 모습은 엉망진창이고 시끄럽고 파괴적일 수밖에 없다고 해서 생긴 말이다. 아수라는 줄여서 흔히 수라라고 하며 아수라장 역시 수라장이라고도 한다.

3. 감나무 가지에 그네를!

그다음 해인 16세 때 봄 어느 날 리나가 폴을 찾아가 부탁하였다.

"오빠, 아래 부족 여자아이들은 나무에 밧줄을 두 개 걸고 밑에 나무를 끼워 그네를 타고 있어, 나도 한번 타봤는데 엄청 재미있었어. 그네를 타려면 한참 기다려야 하고 아래 부족 여자아이들 눈치를 봐야 해. 그리고 잘 태워주지도 않아. 폴 오빠, 우리 부족에도 그네 만들어 주면 좋겠어. 그네 만드는 것은 별로 어렵지 않다고 생각해 일전에 오크 오빠가 그네 타는데, 와서 그네 만들어 달라고 하니까, 그 오빠는 만들 줄 모르고 폴 오빠보고 만들어달라고 하랬어. 오빠는 천재니까 한번 보면 금세 만들 수 있을 거야."

어여쁜 약혼녀 리나의 부탁에 폴은

"알았어. 우리 아래 부족 가서 그네를 한번 보자꾸나."

하며 아래 부족에 가서 동네 입구의 느티나무에 밧줄을 걸고 깔깔대며 그네를 타는 소녀들을 함께 보게 되었다.

폴은 한참 그네의 이곳저곳을 살피더니

"걱정하지 마, 리나야, 오빠가 저것보다 백배 멋있고 튼튼한 그네를 만들어 줄게. 기다려."

"정말! 오빠, 기대돼!"

폴은 얼마 전 벌꿀을 따러 밧줄을 만들어 본 솜씨가 있어 별 힘들이지 않고 칡넝쿨로 튼튼한 밧줄을 만들었다.

그리고 널따란 나무 두 개를 구하여 돌칼과 돌도끼로 직사각형 모양으로 다듬고, 양쪽 네 귀퉁이에 돌칼로 구멍을 내고, 여기에 밧줄을 통과시켜 밧줄을 묶었다.

마침 동네 입구의 커다란 감나무가 있어 감나무를 타고 올라가 옆으로 뻗어있는 두꺼운 나뭇가지에 4개의 밧줄을 단단히 동여맸다. 얼마 후 길이가 10m나 되는 크고 멋진 2개의 그네가 완성되었다. 사람이 깔고 앉는 나무 널빤지 크기도 아랫동네의 두 배나 될 정도로 컸다.

완성 후 리나와 친구 리사를 불러서 보여주었더니

"어머나, 그네가 두 개나 되네."

"오빠, 고마워~ 멋져~ 최고야!"

하며, '펄쩍펄쩍' 뛰면서 엄청나게 좋아하였다.

"오빠, 잘나가나 한번 타볼게."

바로 리나와 리사는 그네를 하나씩 붙잡고 지치기 시작하였다. 리나의 예쁜 얼굴이 하늘로 사라졌다 나타났다 하며 매우 행복해했고, 폴은 리나가 좋아하는 모습에 마냥 흐뭇해하였다.

그날부터 리나와 리사를 비롯한 부족 소녀들은 차례대로 그네 타기를 즐겼고 감나무에 걸린 그네는 칸 부족 마을 최고의 놀이터가 되었다.

그리고 며칠 후 일이 터져버리고 말았다. 리나와 리사가 그네를 타다가 떨어져 다쳤다며 리반과 오크의 등에 업혀 온 것이다.

충격에 약하고 잘 부러지는 감나무의 특성을 모르고 감나무 가지에 그네를 2개 묶었는데, 둘이 같이 그네를 타던 리나와 리사의 몸무게를 못 이겨 그네를 맨 감나무 가지가 뚝 부러졌고, 둘은 바닥에 곤두박질쳤다. 작년 가을에도 이 감나무에서 감을 따던 부족원 룰루가 밟고 있는 가지가 부러져 허리를 심하게 다친 적이 있는 감나무였다.

리나는 다리가 삐고 리사는 엉덩이를 심하게 다치게 되었다. 어여쁜 리나도 개구쟁이 폴 오빠로 인하여 여러 번 고초를 겪었다.

4. 주술사에게 찍힌 폴

17세 때 겨울에 폴을 비롯한 오크, 리반, 수아, 라쿤은 부족 뒷산으로 칡을 캐러 갔다. 여러 뿌리의 칡을 캐서 어깨에 짊어지고 부족의 마을로 들어섰다. 입구에 주술사의 사당이 보였다. 돌탑이 여러 개가 늘어난 것이 보였다.

"우리 한 번 구경해보자."
라고 폴이 말했고, 모두 신당으로 들어갔다.

주술사가 쌓은 높은 돌탑을 보고 폴이 말을 꺼냈다.

"얘들아, 어떻게 이렇게 높이 쌓은 돌탑이 비바람에 견디는지 정말 궁금해."

"아마 풀이나 접착제 같은 것으로 붙였을 거야. 이것 봐~."

오크가 말하며 앞쪽에 돌탑을 손으로 쿡 찌르는 순간 우르르 돌탑이 무너지고 도미노처럼 그 뒤에 있는 돌탑도 모두 무너져버렸다. 돌탑은 아무것도 붙여놓지 않았던 것이다.

위쪽에서 기도하던 주술사가 돌탑 무너지는 소리에 깜짝 놀라며 황급히 돌탑 쪽으로 오더니 무너진 돌탑을 보고 엄청 화를 냈다.

"이 돌탑 무너뜨린 게 도대체 어느 놈이냐? ~."

오크는 주술사가 무서워서 꿀 먹은 벙어리처럼 멍하게 있었다.

"이놈들, 말하지 않으면 모두 악마의 제물로 바치겠다. 어서 말해라~."

모두가 고개를 숙이고 땅만 쳐다보고 있었다.

"너희들 말하지 않으면 신당2)으로 데려가 모두 신령님의 제물로 바치겠다. 모두 어서 가자~."

바로 그때 폴이 오크를 대신하여 앞으로 한발 나서며

"주술사님, 제가 그랬습니다. 주술사님이 만드신 돌탑이 하도 멋지고 비바람에도 어떻게 견디는지 궁금해서 한번 만져본다는 것이 그만 이렇게 되었어요. 정말 죄송합니다."

"폴, 오늘도 역시 네놈이구나. 이 돌탑은 신령님의 자식들이다. 폴 너는 신령님의 노여움을 사게 되었고, 그 노여움으로 네 몸에 악귀가 들 것이다."

사타는 폴이 부족의 왕인 족장의 외아들이고 다음에 족장의 후계자가 되는지라 심하게 폭력 등은 행사하지 못했다.

폴은 오크의 죄를 대신하여 뒤집어쓰고 친구들과 온종일 돌탑 쌓는 작업을 하였다.

---

2) 신령을 모신 집

5. 곰과의 혈투

18세 겨울에 폴은 결국 엄청난 대형 사고를 치는 일이 발생한다. 그날은 근처 숲속에서 오크와 리반 셋이 함께 토끼 사냥을 하러 갔다.

토실토실 살이 찐 커다란 토끼 무리가 풀을 뜯고 있는 게 보여 셋이 함께 돌화살을 쐈으나 간발의 차이로 빗맞고 도망가 버렸다.

폴 일행은 계속 토끼들을 쫓았는데 토끼는 근처 커다란 굴로 잽싸게 도망가 버렸다.

이곳은 선조들이 과거 기거하였던 동굴로 지금은 부족수가 많이 늘어서 더 큰 동굴인 지금의 장소로 이전하여 빈 동굴로 남아 있던 동굴이었다.

"얘들아, 이곳으로 토끼들이 도망간 것을 보니 이곳은 아마도 토끼 100마리가 대규모로 모여 사는 집일 꺼야? 토끼집이 이렇게 큰 건 처음 보지 않았니?"

하고 들어가자고 하니까 오크와 리반은

"폴, 이곳은 늑대나 무시무시한 동굴 사자* 집일 지도 몰라~, 전에도 큰 동굴에 들어갔던 부족원 5명이 동굴 사자에 밥이 된 적이 있어, 동굴은 늘 조심하라고 했어."

"만일 동굴 사자가 있으면 우리 모두 잡아먹힐 수 있어, 무서워, 가지 말자고."

하며 반대를 하였다.

"이 바보들아, 보고도 못 믿어 우리가 쫓던 토끼들이 이 굴로 들어가는 걸 봤잖아? 그리고 맹수들은 인간들과 이렇게 가까운 곳에 결코 안 살아. 그리고 동굴 안에서 아무 소리도 안 났잖아. 우리 한번 들어가 보자. 내가 책임질게."

"알았어."

하고 셋은 창을 빼 들고 동굴로 조심스럽게 들어갔는데 갑자기 캄캄해서 동굴 안이 잘 안 보였다. 조금 앞으로 나가다 보니 동굴 천장에서 희미한 빛이 들어오고 있어 사물을 분간할 수 있었다. 동굴 중앙에 비교적 큰 공간이 보였고 구석에 집채만 한 회색 바위가 눈에 띄었다.

그런데 그 회색 바위에서 '드르릉~ 쿨쿨~' 하고 소리가 나는 것이 아닌가.

"저 회색 바위 안에 토끼가 들어가 잠을 자고 있는 것 같아, 우리 가서 잡자."

그리고 회색 바위 앞으로 가는네 야비가 그만 돌부리에 걸려서 넘어지게 되었다. 그 순간 회색 바위가 시퍼런 눈을 뜨더니 벌떡 일어나 폴 일행을 발견하고 동굴이 터질 듯한 포효를 하며 그들을 잡아먹으려고 덤벼들었다.

그것은 바위가 아니라 잠을 자는 거대한 곰이었다.

셋은 곰의 위세에 너무 놀라 싸울 엄두도 못 내고 무기를 버린 채 '걸음아, 날 살려라.' 하며 동굴을 나와 부족 쪽으로 죽을힘을 다하여 냅다 뛰었다.

곰은 잠을 자는 자신을 사냥하려고 온 것으로 생각하였는지 폴 일행을 잡으려고 전속력으로 뒤쫓아 갔다.

한 10분가량을 죽도록 달리니, 부족의 동굴이 보였고 동굴 앞 광장에는 많은 부족원이 모여 점심 식사 준비를 하고 있었다.

온 힘을 다하여 "살려 주세요.", "살려 주세요."라는 말을 하며 뛰어오는 폴 일행과 그 뒤를 좇아오는 집채만큼 거대한 곰의 대낮 추격전을 족장 칸을 비롯한 부족원들이 모두 어이없고 황당하게 지켜보게 되었다.

칸은 상황을 파악하고 즉시 뿔 나팔로 전 부족에게 비상사태를 알렸다.

"먼저 여자들과 아이들 모두를 동굴로 빨리 숨겨라."

"전 부족 전투 준비! 모두 곰을 물리쳐라."

칸과 족장의 절친이며 돌창의 달인 리나의 아버지 라니아와 일당백 전사 로뎀을 비롯하여 부족에서 가장 용맹하고 노련한 전사들이 먼저 돌창을 들고 좇아오는 곰을 향해 힘껏 창을 던져 몇 개의 돌창이 곰의 어깨와 등 쪽에 맞았으나 치명상을 입히지 못했다.

곰은 잠시 주춤하더니 더욱 화를 내고 이젠 창을 던진 칸쪽을 향하여 돌격하였다. 그리고 벌어지는 곰과 칸 부족원들의 치열한 혈투가 시작되었다.

이 곰은 원시시대의 최상위 포식자로서 **코디액 곰****은 거의 1톤 크기의 엄청난 덩치로 지상 최대의 동물인 매머드도 사냥할 수 있고 호랑이와 동굴 사자도 앞발로 가격하여 단번에 때려죽이는 무시무시한 지상 최고의 포식자 맹수였다. 곰이 두 발로 섰는데 그 키가 5m가 훨씬 넘었다.

이 곰은 워낙 거대하고 힘이 세서 돌창 여러 발을 맞고도 전혀 제압이 안 되었다. 곰의 두꺼운 가죽으로 인하여 날이 무딘 돌창으로는 치명상을 입히지 못한 것이었다.

칸은 명령을 내렸다.

"저 괴물은 몸에는 창이 안 들어가니 모두 돌화살을 준비해서 놈의 머리와 목, 눈에 집중 사격을 하라."하고 명령을 하였다.

칸의 명령대로 부족원들은 이번에는 수많은 돌화살을 곰의 머리와 목, 눈에 집중적으로 쐈다.

곰은 날아오는 돌화살을 앞발로 쳐내는 지능도 지녔다. 그리고 몸에 박힌 돌창과 돌화살을 몸을 부르르 털어 빼내는 재주도 있었다.

계속해서 칸과 전사들이 곰의 머리와 목에 돌 화살을 발사했다. 그리고 칸이 쏜 돌화살이 곰의 목과 머리 눈 주변에 정통으로 맞았다. 치명타였다. 거대한 곰은 땅이 울리는 괴로운 포효를 하고 앞발로 사람들을 닥치는 대로 마구 할퀴고 이빨로 물고 무자비하게 공격했다.

곰에 강력한 앞발 공격에 맞은 부족원들은 살아남지 못하고 여기저기에서 사망자가 속출하였다.

칸은 부족원들을 향해 큰소리를 쳤다.

"더욱 맹렬히 공격하여 저 악마를 죽여라."

그리고 부족에서 가장 힘이 센 거인 바이슨과 헝크가 곰 뒤로 가서 돌도끼와 돌창으로 곰의 뒤통수를 계속 가격하였고, 노련한 족장 칸과 라니아, 로뎀이 곰의 목을 향하여 3개의 긴 돌창을 전속력으로 돌진하여 체중을 실어 강하게 찔러 박았다.

곰의 목의 대동맥이 파열되어 목에서 피가 분수처럼 쏟아져 나왔다.

그리고 다른 부족원들도 모두가 돌창으로 거대한 곰의 몸을 이곳저곳을 마구 찔렀다. 곰은 200명이 넘는 칸 부족의 목숨을 건 맹공격을 더 이상 견뎌내지 못하고 쓰러지고 말았다.

그리고 한쪽 눈으로 전사들을 맥없이 응시하며 결국 얼마 못 가 거친 숨소리를 내며 죽게 되었다.

이 곰은 여태까지 본 곰 아니 맹수 중에서 가장 거대하고 힘세고 무서운 놈이었다.

만일 숲에서 이런 곰을 만났다면 부족원 20~30명이라도 결코 살아남지 못할 것이었다.

곰의 침입으로 칸 부족원들도 많은 인명 피해를 보았다. 곰과 전투를 하던 부족원 10명이 현장에서 사망하고 20여 명의 중경상자가 나왔다.

곧이어 시신을 한곳에 모아놓고 주술사가 애도의 주문을 외우며 사망자의 장례를 엄숙히 치렀다. 주술사는 오늘 발생한 참사는 폴이 일으킨 것이니 폴과 일행을 원로 회의에 따라 멀리 추방하자고 칸 족장에게 강력하게 주장했다.

칸이 폴에게 진지하게 물었다.

"폴, 도대체 어찌 된 것이냐? 무서운 곰을 부족까지 끌고 와 이렇게 많은 부족원을 죽게 하다니 너희들을 도저히 용서할 수 없구나. 장례 끝나면 너희들을 처벌하는 원로 회의를 개최해야겠구나."

"아버지, 이 곰은 결코 저희가 끌고 온 것이 아닙니다. 여기서 10분도 채 안 걸리는 부족 입구 바로 밑 야로 산 입구에 뚫린 동굴에 우리가 잡으려 했던 토끼 무리가 도망갔어요. 우리는 토끼들을 잡으러 동굴에 갔더니 그 동굴에 곰이 몰래 숨어있었던 겁니다. 이렇게 가까운 곳에 곰이 살고 있을 줄은 꿈에도 정말 몰랐어요."

폴은 말하며 울었다.

아버지는 한참을 라니아와 로뎀 아저씨들과 대화하시더니 고개를 끄덕거리시며 벌 대신 칭찬하셨다.

"이 곰은 사람을 잡아먹는 악명 높은 식인 곰으로 얼마 전 옆 부족에도 야간에 습격하여 수십 명을 죽이고 부족을 쑥대밭으로 만들고 수많은 사람을 잡아먹은 무서운 곰이더구나. 죽은 곰의 몸에 난 흉터를 보면 알 수 있다."

"이놈은 배가 고파 사람 냄새를 맡고 우리 부족을 습격하려고 온 놈이 틀림없다. 야간에 우리가 자는 틈을 타서 동굴에 침입했다면 우리 부족은 좁은 동굴에서 채 싸워보지도 못하고 속수무책[3]으로 집단 학살을 면치 못했을 거다. 다행히 너희들이 이 곰을 대낮에 우리의 수많은 전사 앞으로 끌고 와서 비교적 쉽게 곰을 죽일 수 있었구나. 그리고 만일 우리 전사가 사냥이라도 나가서 이 곰과 마주쳤다면 어쩔 뻔했는지 끔찍하다. 전사들 모두 곰의 먹이가 될 뻔했다. 이런 악마 같은 이놈을 우리 부족이 처단할 수 있도록 너희들이 놈을 몰고 온 것이 매우 자랑스럽다."

라고 부족원들 앞에서 벌 대신 오히려 크게 칭찬하셨다.

우연치 않게 폴 일행이 토끼를 잡는 도중 곰을 동굴 밖으로 유인하였고 많은 전사가 모여있는 동굴 앞 광장까지 와서 곰을 쉽게 죽일 수 있었지만, 만일 폴 일행이 발견을 못 했다면 이 곰은 야간에 부족을 기습할 것이 뻔하였다. 더 큰 희생이 없어 불행 중 다행이었다.

---

3) 어쩔 도리가 없어 꼼짝 못 함

동굴사자*

동굴에 거주하는 동굴 사자는 한때는 사자나 호랑이의 아종으로 여겨졌으나, 현재는 치아 구조, 뇌 용량 등의 차이점이 별개의 종으로 분류할 수 있을 만큼 크며 실제로도 다른 사자들과는 190만 년 전 플라이스토세 즈음에 탄생했다는 사실이 밝혀져 동굴 사자[Panthers spelter]라는 별개의 종으로 재분류 되었다. 아시아에서 유럽, 알래스카와 그곳에 인접한 캐나다 유콘 준주에 걸쳐 서식했으며 한반도에도 동굴 사자의 뼈가 발견되었다고 한다. 크기는 대략 320~350cm, 무게는 160~350kg으로 추정되며, 사자와는 다르게 초원에서 무리를 지어 사는 것이 아니라 적은 수의 단위 혹은 혼자 생활했다고 한다. 주요 먹이는 메갈리아로, 캐로스 같은 사슴과 들소, 말부터 털 코뿔소나 매머드의 새끼도 잡아먹었으며 사람도 자주 습격했다고 한다. 인류에게 위험한 적이었지만, 그 강인함에 경외감을 느끼고 숭배 대상으로 여겼다. 구석기 동굴유적을 발굴하다 보면 뼈나 상아에 사자 머리의 반인반수를 새긴 상이 발견되기도 한다. 멸종 이유는 정확히는 불명이지만 먹잇감의 개체 수가 감소하고 시베리아호랑이처럼 더 작은 먹이를 사냥할 수 있는 경쟁자 포식자들에게 밀려나며 동굴 사자가 멸종했다고 일부 전문가들이 주장하고 있다.

코디액[Grizzly] 곰**

희끗희끗한 회색빛의 머리를 뜻하는 grizzled 혹은 소름이 끼친다는 뜻의 grisly에서 유래되었다고 추정하고 있다. [Ursus arctos horribilis]라는 학명은 라틴어로 '무시무시한 큰 곰'을 의미한다. 두 다리로 서면 3m 이상으로 몸무게가 1,000kg에 달했다. 잡식성으로 열매와 풀, 뿌리, 곤충, 물고기 등 거의 모든 생물을 먹는데, 특히 단 것을 좋아한다. 1마리가 방대한 영역을 돌아다니는데, 과일을 따 먹고 씨앗은 똥으로 여기저기 뿌리고 다니느라 식물의 재생산에 이바지하기도 한다. 최상위 포식자로 호랑이나 퓨마나 늑대 같은 다른 육식동물의 먹이를 압도적인 덩치를 내세워 빼앗아 먹는다.

6. 사람 잡는 구덩이

폴이 19세 되던 여름의 어느 날이었다.

폴과 오크, 리반, 루디 4총사는 짐승을 잡는 함정을 만들기로 하고 부족에서 200m쯤 떨어진 들판에 돌도끼와 돌 곡괭이로 땅을 파기 시작하였다.

아침 9시부터 파기 시작하여 오후 3시까지 폭 1.5m, 깊이 3m 크기의 커다란 구덩이를 팔 수 있었다. 구덩이를 1m 50cm쯤 파 내려가자 물이 고이기 시작하였다.

오크와 루디가 갑자기 숲속으로 가서 보이지 않았다.

"리반, 애들 어디 갔지?

"숲에 볼일이 있어 갔나봐, 좀 기다려봐."

조금 후 돌아온 오크와 루디는 대나무로 만든 죽창을 수십 개나 만들어 왔다.

"오크, 리반, 이 죽창 도대체 어디에 쓸 건데?"

"어, 이 죽창 구덩이 밑에 박아놓으려고, 동물이 빠지면 도망갈 수 있으니, 죽창을 박으면 바로 죽어서 못 도망가잖아."

하며 죽창을 함정 밑바닥에 꽂으려고 하였다.

"오크야, 죽창 박으면 안 돼. 죽창에 동물이 박혀 죽으면 밑에 물이 있어 바로 썩어 못 먹게 돼."

폴은 이어서 말했다.

"그리고 구덩이 깊이가 높아서 여기를 뛰어넘을 수 있는 동물은 없어. 괜히 죽창 만드느라 헛고생만 했구나."

그리고 구덩이 위에 얇은 대나무를 엮어 놓고 그 위에는 바나나 잎을 덮었다. 이어서 그 위에 흙을 덮었고 마지막으로 주변의 풀과 똑같은 풀을 얹어 놓았다. 주변의 땅과 똑같아 이곳으로 지나는 동물은 틀림없이 이 구덩이에 빠지게 되었다.

네 명의 친구는 자신들이 만든 구덩이를 매우 흡족해하였다.

"내일 와 보면 사슴 5마리는 잡힐 거야."

이렇게 말하고 폴은 다음 날 아침에 다시 오기로 하고 부족으로 돌아왔다.

흙에 묻은 손발을 씻고 막 저녁을 먹으려는 찰나 리나와 친구 리사가 헐레벌떡 동굴 광장으로 뛰어와서 "도와주세요!" 하였고, 리나 엄마 루틴과 리사 엄마 허쉬가 구덩이에 빠졌다고 말을 하였다.

저녁을 먹으려던 폴 일행은 황급히 물었다.

"리나, 어떤 구덩이에 빠졌니?"

"여기서 200m 거리의 구덩이야. 어제까지 없었는데, 누가 팠는지 모르겠지만 오늘 갑자기 생겼어, 빨리 가야 해, 크게 다쳤을지도 몰라."

폴 일행은 식사를 뒤로 하고 밧줄을 들고 자신들이 판 구덩이로 달려갔다.

구덩이 안에는 리나의 엄마 루틴과 리사의 엄마 허쉬가 빠져있었다. 채집을 끝내고 배낭을 들고 부족으로 돌아오다가 그만 빠져버린 것이었다.

폴 일행이 판 구덩이는 하필이면 여자들이 채집하러 가는 길목에 팠던 것이었다. 폴은 밧줄을 구덩이에 던져주었으나 손에 힘이 없어 구덩이를 타고 올라오지 못했다.

결국, 폴이 구덩이에 들어가고 밧줄로 몸을 묶어 리나와 로사 엄마를 안고서 구덩이 밖으로 나올 수 있었는데, 다행히 바닥에 물이 고여 있어서 생명에는 지장이 없었지만, 리사 엄마의 다리가 부러지는 피해를 보았다.

리나 엄마 루틴은 우리가 매일 다니는 길목에 아무런 표시 없이 무작정 구덩이를 만들면 어찌하냐고 죽을 뻔했다고 크게 혼을 내었고 칸 족장에게 일러바쳤다.

사람이 다니는 보행로에 함정을 판 것은 동물을 잡으려고 하는 게 사람 잡을 구덩이라고 하며 크게 혼쭐이 났다. 만일 오크의 뜻대로 구덩이 밑에 죽창을 박았더라면 생각만 해도 끔찍하였다.

폴 일행은 해가 떨어질 때까지 자신들이 만든 구덩이를 원상 복귀하였다.

이처럼 폴은 유년 시절 다소 엉뚱한 개구쟁이 짓을 빼곤 매사에 사리가 올바르고 착하며 튼튼하고 영특한 아이였다.

제2장

풀의 발견과 발명

발견은 미처 찾아내지 못하였거나 아직 알려지지 아니한 사물이나 현상, 사실 따위를 찾아내는 것으로 세상 어디엔가 있는 공간 일부를 차지하고 형태를 가지는 물건인 유체물을 찾아냈을 때 쓰는 말이다. 즉, 콜럼버스가 아메리카 신대륙을 찾았을 때를 발견이라고 볼 수 있다. 발명은 자연법칙을 이용한 기술적 사상의 창작으로서 고도[高度]한 것이 세상에 없는 것을 새로 만들어 내거나 이미 만들어진 것을 빼거나 더하는 것을 말한다. 예를 들면 에디슨이 전구를 만들어내고 미국이 핵폭탄을 만들어 내고 빌 게이츠가 윈도우 프로그램을 만든 것을 발명이라고 할 수 있다

1. 불의 발견

폴이 성인 20세가 되던 을씨년스러운 초겨울 흐린 날 오전이었다. 칸의 부족에게 갑자기 생각지도 못한 엄청난 일이 발생한다.

갑자기 마른하늘에 '번쩍' 하고 강한 빛의 섬광이 하늘을 여기저기 가르더니 조금 후 '콰쾅' 하는 하늘이 무너지는 듯한 엄청난 굉음과 함께 하늘에서 산의 숲 쪽으로 여러 개의 벼락을 내리친 것이다.

그리고 얼마 후 벌건 불기둥이 숲의 사방으로 번져 나가기 시작했다. 순식간에 여기저기 연기와 화염이 번지며 숲은 조금 후 타닥타닥 소리를 내며 맹렬한 속도로 불타오르기 시작했다.

오래 90살로 부족에서 가장 나이가 많은 교활한 주술사[4] 사타는

"하늘에서 무서운 죽음의 악마가 우리를 잡으러 나타났다. 죽기 싫으면 빨리 동굴로 꼭꼭 숨어라, 악마의 빛을 보는 순간 눈이 멀거나 악마에게 영혼을 빼앗긴단다. 모두 서둘러라 수리수리 마수리~"

그들은 주술사의 말을 믿고 동굴 속에서 산불이 끝날 때까지 서로를 안은 채 웅크리고 두려움에 벌벌 떨며 밖으로 나오지 않았다.

번개는 대부분 비가 올 때 쳐서 여간해서 불을 난 것을 볼 수가 없었는데 비도 안 오는 마른하늘에 번개가 쳐서 불이 붙은 것을 폴과 어린 부족원들

---
[4] 주술로써 재앙을 면하게 하는 신묘한 힘을 지닌 사람. 무당 따위를 이른다.

은 난생처음으로 본 것이었다.

얼마 후 산불이 어느 정도 사그라지자, 부족원들은 모두 밖으로 나왔다.

평소 호기심 많은 폴은 어려서 맹수에게 부모를 모두 잃은 고아인 절친 친구 오크와 리나 오빠 리반에게 말했다.

"오크야, 리반아, 우리 악마가 내려온 그곳에 한번 가보자, 뭔가 신기하고 재미있는 게 있을지도 몰라."

"안 돼~ 주술사 할아버지가 거긴 악마의 땅이라고 가지 말라고 했고 악마가 영혼을 빼앗아 간다고 해서 그곳은 악마가 나올 거야."

오크가 주저하며 말했지만 폴은 아랑곳없이 말했다.

"아니야, 오크~ 악마는 없어, 괜찮다고~ 주술사는 말도 안 되는 소리를 잘하고 늘 트집을 잡는 트집쟁이 할아버지일 뿐이야. 제발 우리 한번 가보자 궁금해 미치겠어."

폴은 오크와 리반을 계속 설득하였다.

"너희들은 달리기를 우리 부족에서 제일 잘하니 이상 있으면 빨리 도망가면 되잖아~ 밑져야 본전이다."

그 말에 용기를 얻어 리반이 말했다.

"오크형, 우리 한번 가보자~ 뭔가 좋은 일이 있을 것 같은 예감이 들어. 폴형 말 믿고 한번 가봐."

"리반, 폴은 사고뭉치야. 어떤 사고를 또 칠지 이젠 겁부터 나."

"그럼, 나하고 폴 형만 몰래 다녀올게, 형은 여기에 있어."

한참을 생각한 오크도 호기심이 발동했는지

"그래, 속는 셈 치고 같이 한번 가보자."

이윽고 부족 어른들이 모여 회의를 할 때를 틈타 조심스럽게 눈치를 살피며 셋은 불이 난 숲 근처로 냅다 뛰어갔다.

순식간에 온통 잿더미로 변한 그곳은 매캐한 냄새와 함께 화재로 땅이 열을 받아 동굴보다 훨씬 따뜻했지만, 맨발로 다니기에는 너무 뜨거워 조심스럽게 한발씩 내딛어 나갔다.

여기저기 잔불이 남아 곳곳에 연기가 아지랑이처럼 모락모락 피어나고 있었다. 주변에는 온통 잿더미로 변한 나무와 곳곳의 불에 탄 동물들의 사체가 여기저기 어지럽게 놓여있었다.

그때 어딘가에서 고소한 냄새가 그들의 코로 솔솔 풍겨왔다. 리반이 먼저 냄새를 맡고 말했다.

"형들, 고소한 냄새는 어디서 나는 거야?"

급작스러운 화재로 미처 도망치지 못한 동물 중 커다란 사슴 두 마리가 불에 타서 통째로 바비큐 구이로 잘 구워져 있었다. 냄새는 거기에서 난 것이다.

폴은 잠시 이를 지켜보다가 갑자기 먹고 싶은 호기심이 발동하여 허리에 차고 있던 돌칼로 잘 익은 사슴의 넓적 부위 살을 조금 자른 후 냄새를 킁킁 맡아보더니 조금 먹어 보았다.

처음으로 불에 구워진 고기를 먹어 본 그 맛은 정말 기가 막혔다.

"오크야, 리반아, 너희들도 한번 먹어봐, 정말 맛있어."

같이 온 오크와 리반도 폴의 눈치를 살피더니 이윽고 같이 먹어 보곤 만족하여 서로가 마주 보며 생긋 미소를 지었다.

마침 식사 시간이 돼서 배고픈 참에 셋이 허겁지겁 순식간에 사슴 넓적다리 하나를 다 먹어 치웠고 '꺼억' 하며 기분 좋은 트림을 하였다.

"폴, 우리 너의 말을 따라 여기 오길 정말 잘했다. 악마가 만든 고기 정말로 맛있구나!"

"태어나서 이렇게 맛있는 고기는 처음 먹어봐. 고소한 냄새도 좋고 비리지도 않아, 부드럽고."

"오크야, 악마가 만든 고기가 아니래도 그러니, 너도 주술사에게 결국 세뇌되었구나, 그 사람 말 믿지 마, 재수 없어"

"맞아, 주술사 할아버지는 눈만 뜨면 악마 타령이야."
하고 리반도 말했다.

세 친구는 우연히 하늘의 도움과 폴의 호기심으로 난생처음이고 세상에서 최초로 불에 구운 고기를 양껏 먹게 된 것이다.

2. 인류 최초의 화식

폴과 오크, 리반은 이 맛있는 음식을 부족들과 사이좋게 나누어 먹으려고 끙끙거리며 커다란 사슴과 불씨가 남아 있는 나무하나를 질질 끌고 동굴 앞으로 왔다.

처음으로 불에 구워진 희한한 사슴을 보고 부족원들은 모두가 모여들었고 의아해하였다.

족장 칸은 폴에게 물었다.

"폴, 털 없고 다리 하나 없는 흉측한 검은 사슴은 도대체 어디서 가져왔니?"

"아버지, 주술사가 악마가 내려왔다고 가지 말라는 곳에서 가져왔는데 그곳엔 악마는 결코 없었어요."

"그리고 이러한 고기들이 하늘에서 내려온 불로 인하여 여기저기 엄청 많이 만들어져 있었어요. 정말 최고로 맛있어요."

하고 돌칼로 사슴 고기를 조금 잘라 아버지께 드렸다.

아버지 칸은 신기한 듯이 고기의 냄새를 킁킁거리며 맡더니 조심스럽게 한입 먹어 보았다.

칸은 깜짝 놀라며

"이 고기 정말 부드럽고 맛있구나! 향기도 좋고."

그러자 옆에 있던 주술사 사타는 또 반대한다.

"족장님, 그 고기 먹으면 정말 큰일 납니다. 그 고기는 악마가 들어있어 드시면 미치거나 악마가 영혼을 뺏고 노예로 만들 거예요. 절대 먹지 마세요. 수리수리 마수리~"

그러자 폴은 큰소리로 한 마디 했다.

"주술사님, 말도 안 되는 악마 소리 그만 하세요. 눈만 뜨면 '악마! 악마', 그 소리 너무 듣기 지겹고 역겨워요. 레퍼토리가 그렇게 없어요? 이 고기는 악마가 들어있는 게 아니라 하늘에서 내려온 불의 힘으로 자연스럽게 구워진 거예요. 제대로 알고 말씀하세요. 주술사님이 늘 써먹는 악마는 그 어디에도 없어요."

"저와 폴, 리반은 3시간 전에 이 고기를 잔뜩 먹었는데 소화도 금방 되고 오히려 힘이 갑자기 더 세졌고 몸이 건강해졌어요."

칸은 오크의 자신 있는 말을 믿고 고개를 끄덕이며 구워진 사슴 고기를 계속해서 진지하게 음미하며 시식해보았다. 그리고 이를 어리둥절한 모습으로 지켜보던 부족들에게 모두 이리 와서 모두 같이 먹자고 명령하였다.

부족원들은 주술사만 빼고 벌 떼처럼 달려들어서 구워진 사슴을 시식하였고, 모두가 맛이 너무 좋아서 환호성을 지르며 좋아했다.

그들이 매일 먹는 날고기는 질겨서 씹기도 힘들고 피비린내가 나서 역겹고 먹기 힘들였는데, 불에 탄 고기는 고소한 불맛을 느낄 수 있었고 아주 부드럽고 맛있었다.

부족원들은 처음으로 불에 구워진 사슴 한 마리를 게 눈 감추듯 먹었고 사슴을 다 먹은 후 약속이나 하였듯이 모두 숲속으로 우르르 달려갔다.

불에 구워진 채로 여기저기 흩어져 있는 사슴, 토끼, 양, 너구리, 멧돼지, 캥거루 등 구워진 여러 짐승이 보였지만, 그들의 적인 늑대와 곰과 같은 맹수들은 보이지 않았다. 그들은 머리가 좋아 불길을 피해간 듯 보였다.

부족원들은 눈에 보이는 대로 불에 구워진 동물의 사체를 남김없이 모두 부족으로 끌고 왔다. 힘들이지 않고 맛있는 다량의 식량이 확보된 것이며 모두 일을 벌인 폴의 재치를 침이 마르게 칭찬하였다.

잠시 후 폴은 지금도 꺼지지 않고 타고 있는 커다란 나무 숯불을 들고 동굴 입구에 놓았다.

주술사는 또 이를 보고 또 시비를 걸었다.

"무섭고 뜨거운 악마의 저주를 동굴에까지 들고 오다니, 너는 정말 겁도 없구나. 우리 부족을 모두 악마의 재물이 되게 할 무서운 아이구나."

하며 이번에는 나무 지팡이까지 흔들며 자주 쓰는 '수리수리 마수리~'란 주문을 더욱 크게 외치며 마구 화를 내었다.

　그러나 폴은 과거 돌탑을 무너뜨린 일 때문에 앙심을 품고 사사건건 간섭하는 주술사를 못마땅해하며 이에 개의치 않고 나무를 주어다 그 위에 얹고 불을 피우기 시작하였고 불은 순식간에 활활 잘 타올랐다.

3. 불의 힘과 능력

불을 다루게 된 폴 부족원들은 이전에 경험하지 못한 새로운 세상을 만나게 된다. 생으로 먹었던 고기와 채소, 물고기를 불에 구워 먹어 신체가 발달하고 '진화'하게 되었다.

또한, 타고난 불의 재를 이용해 다양한 식물의 꽃이나 줄기의 즙과 섞어 바위나 동굴 벽에 그림을 그려 '예술'을 하게 되었다.

그리고 불을 사용해 훨씬 좋은 무기를 만들고 모닥불을 밤새 피워놓아 맹수들로부터 몸을 '보호'할 수 있게 되었다.

폴이 가져온 불에 대하여 부족원들은 처음으로 보는 것이라 모두 무서워했지만, 조금 후 불의 밝고 따뜻한 기운을 느끼고는 조심스럽게 불 근처로 하나둘 모이기 시작했고, 시나브로[5] 전 부족이 모여 추운 몸을 녹였고 어느덧 스산한 깊은 밤이 되었다.

가까운 거리에서 무시무시한 늑대의 하울링 울음소리가 들렸고 수십 마리의 늑대가 불에 구워진 고기 냄새를 맡고 환장하여 부족들에게로 다가왔다.

아마도 숲에 불탄 고기들이 늑대의 식량인데 인간들이 선수를 쳐서 몹시 화가 난 듯하였다.

---

5) 모르는 사이에 조금씩

늑대의 눈빛들이 오늘따라 유난히 많이 보였고 어둠 속에서 호롱불처럼 여기저기에서 번득이고 있었다.

지난주 한밤중 저녁 식사로 민물고기를 날로 먹고 갑자기 배가 아파 대변을 보러 동굴 밖에 나갔던 16세 소녀 제니가 대변을 보는 도중 늑대 밥이 된 적이 있었다.

늑대와 곰, 호랑이, 사자는 그들이 제일 무서워하는 맹수였기에 부족원들은 바깥에서 일을 하다가도 해가 떨어지기 전에 황급히 동굴로 돌아와야 했었다.

늑대들은 활활 타오르는 모닥불의 기세에 눌려 볼 근처에는 접근을 못 하고 컹컹 짖기만 하고 서성대고 있었다.

불현듯 폴이 불이 잔뜩 붙은 커다란 장작 하나를 늑대 무리에게 힘껏 던졌다.

늑대들은 불붙은 장작에 너무 놀라 '깨갱' 소리를 내고 '걸음아 날 살려라.' 하고 모두 숲속으로 냅다 줄행랑을 치기 시작하였다.

이처럼 불이란 존재는 맛있는 고기도 주고 따뜻함도 선사하고 맹수를 지켜주는 강력한 무기가 된 것을 폴과 부족원들은 깨닫게 된 것이다.

칸 부족에게 갑자기 불이 생기니 몸도 따뜻하고 주변이 훤하여 칠흑같이 어두운 밤에도 밖으로 나갈 수 있었고 불의 위력에 맹수들도 접근을 못 하는 것을 보고 칸의 부족은 점차 불의 강력함과 편리함, 소중함을 더욱더 느끼게 되었다.

그날은 처음으로 동굴에 들어가지 않고 커다란 모닥불을 여러 곳 피워놓고 모닥불 주변에 삼삼오오 뒹굴며 밝고 따뜻하고 포근하게 잠을 자게 되었다.

불이 꺼지지 않도록 1명씩 불침번을 서며 장작을 계속 보충하게 되었다.

그러나 새벽녘 불침번을 섰던 폴의 절친 오크가 조는 바람에 나무를 채워 넣지 못한 모닥불은 그만 꺼지게 되었다.

잠을 자던 사람들이 갑자기 한기가 들어서 모두 일어났다.

오크가 조는 바람에 모닥불이 꺼진 걸 알았고 오크에게 부족원들의 맹비난 화살이 쏟아졌다. 족장 칸은 오크를 다그쳤다.

"불이 꺼진 걸 알고 늑대 무리가 왔으면 어쩔 뻔했냐? 너로 인해 다 죽을 뻔했다. 이 소중한 불이 꺼졌으니 어떻게 할 거냐?"

"불을 살려내라, 살려내라."

여기저기서 오크를 향한 부족원들의 원망의 볼멘소리가 나왔다.

부족원들의 맹비난에 몰린 오크는 주눅이 들어 고개를 떨어뜨리고 기어코 울음을 터트렸다.

이 모습을 안타깝게 본 폴은 오크를 두둔하고 나섰다.

"그만들 하세요! 사람은 누구나 실수가 있는 거예요. 어제 익은 고기를 너무 많이 먹어 포만감에 잠시 존 거예요. 어떡하든지 제가 다시 불을 일으켜 볼게요."

폴은 불씨를 찾으려고 입으로 후후 불어보고 아무리 뒤적거려도 불씨를 도저히 찾을 수가 없었다. 폴은 아쉬워하며 불씨를 일으킬 연구를 골똘하게 했으나 별 뾰쪽한 대책이 없었다.

불침번 시간에 잠을 자서 소중한 불을 꺼뜨려 부족원들의 목숨을 위태롭게 한 죄로 오크는 3일간 동굴 독방에 갇히는 처벌을 받게 되었고, 오크는 자신에게 내려진 처벌에 대하여 큰 앙심을 품게 되었다.

4. 부싯돌의 발견

햇살이 눈부시게 비치는 어느 화창한 가을 아침이었다. 폴은 동굴 앞 돌의자에 앉아 하늘의 구름을 보고 있었다. 부족에서 가장 아름다운 그의 약혼녀 리나와 친구 루디가 폴에게로 다가왔다.

"오빠, 오늘 날씨가 너무 좋아. 하늘에 구름도 예쁘고. 우리 이런 좋은 날씨에 강가에 가자. 오빠는 물고기를 잡고 루디와 나는 블루베리나 머루 같은 열매를 딸게. 어때 같이 갈까?"

"좋아 가자 내가 오늘 큰 고기를 잡아 줄게. 리반도 가서 오라고 해."

"알았어. 돌칼과 배낭 준비해서 30분 후 이곳에서 보자. 오빠."

조금 후 폴의 친구 오크, 루디, 리나의 오빠 리반 6명은 수렵과 채집을 하러 강으로 갔다.

여자인 리나와 리사는 강가 주변의 숲에서 산딸기나 블루베리 같은 열매를 따고 남자들은 강가에서 물고기를 돌창으로 열심히 잡고 있었다.

그날따라 팔뚝만 한 커다란 메기가 많이 잡혀서 해가 떨어진 줄도 모르고 잡고 있었다.

"폴 오빠. 해가 곧 떨어지겠어, 어두우면 늑대 나오니까, 빨리 집에 가자. 오빠야."

하고 리나가 발길을 재촉하여 일행은 서둘러 강가를 빠져나와 돌밭을 지나가게 되었다. 그런데 갑자기 폴의 발밑에서 이상한 불꽃이 튀었.

깜짝 놀란 폴은 그 주변의 돌무더기를 또다시 밟아 보았다. 하얀 **부싯돌*** 2개가 폴의 발에 밟혀 부딪쳐 마찰하며 불꽃이 튀는 것을 확인할 수 있었다. 폴이 불꽃이 튀는 돌 두 개를 집어들자, 리나는

"무서워~ 폴 오빠, 이건 악마의 돌이야, 위험해. 불은 악마가 깃든 거라고 주술사 할아버지가 늘 말씀하셨어, 악마의 저주가 붙을 거야. 오빠, 그만해."

"리나 괜찮아, 걱정하지 마, 간악한 늙은이 주술사가 하는 말은 하나에서 열까지 다 거짓말이야. 며칠 전 불 때문에 따뜻하게 잔 것 기억 안 나? 악마는 무슨~, 내가 족장이 되면 제일 먼저 주술사부터 멀리 내쫓을 거야."

폴은 리나의 말에 개의치 않고 무언가 좋은 걸 발명할 수 있는 느낌을 받고 신기한 부싯돌 2개를 가죽 배낭에 넣고 부족의 동굴로 서둘러 돌아왔다.

그날 저녁 식사 시간에 폴은 자신이 잡은 메기를 생으로 먹는데, 그날따라 영 비위가 맞지 않아 먹다가 말았고 밤에 어두운 동굴에서 잠을 청하려다 여러 생각이 나서 잠이 오지 않아 강가에서 주워 온 부싯돌을 손으로 부딪쳐 보았다.

돌을 세게 칠수록 불꽃이 더 많이 피었다. 부족원들은 불꽃이 번쩍 튈 때마다 깜짝깜짝 놀라고 소리 지르며 무서워하였다.

폴은 이 불꽃을 보고 '맞아, 이거야.'라고 생각하며, 몇 날 며칠을 여러 가지 물건에다 부싯돌을 켜보았지만, 결코 불이 붙지 않았다.

그러다 동굴 바닥에 깔고 자는 솔잎에 불을 붙여보기로 하고 수십 차례의 시도를 하였으나 작은 연기뿐 그 또한 불이 붙지 않았다.

'맞아, 연기가 나면 불은 반드시 붙을 거야. 벼락이 친 숲속에서도 연기가 많이 났었어.'

다음 날 아침부터 폴은 뭔가 찾을 것 같은 느낌을 받고 들판을 이곳저곳 한참을 헤매다가 큰 자작나무 밑에 수북이 떨어진 잘 마른 자작나무 잎을 발견하였다.

폴은 이 잎이 불이 잘 붙을 거라고 기대하며 가죽 배낭에 자작나무 잎을 잔뜩 담고 동굴로 왔다.

솔잎과 비교하면 나뭇잎이 크고 얇아, 잘 건조되어 어느 정도 가능성이 다분히 있어 보였다.

다음날 폴은 아침 일어나자마자 늘 앉던 동굴 앞 돌의자에 앉아 열심히 부싯돌을 마찰시키며 튀어나오는 불꽃을 자작나무 잎에 연신 붙여보았다.

그러나 불꽃이 잘 붙지 않았고 수십 수백 차례의 부싯돌 마찰 후 드디어 작은 불씨가 자작나무 잎에 제대로 붙게 되었다. 폴은 깜짝 놀라며 그 불씨에 자작나무 잎 한 줌을 올려놓았다.

자작나무 잎은 그 이름처럼 '자작자작' 소리를 내며 금새 불씨가 확대되었다.

자작나무 잎을 충분하게 올려 불길을 키운 후, 그 위에 미리 준비한 장작을 올려놓았더니 금세 불이 붙었고 그의 발명은 대성공이었다.

"성공이다. 만세~ 만세~"

폴은 큰소리를 지르며 불에 붙은 나무를 들고 펄쩍펄쩍 뛰면서 미친 듯 환호하였다.

이를 본 부족원들은 폴의 성공에 약간의 불안감과 더불어 경이로운 찬사를 보냈지만, 친구 오크는 이상하게 시기심과 부러움을 내포한 쓴웃음을 지으며 폴을 바라보았다.

발명가 폴은 부족 구성원들에게 바짝 마른 나무를 모두 최대한 구해 오라고 주문하였다.

구해 온 나무를 불 위에 올리자 맹렬한 기세로 타오르는 엄청난 크기의 불기둥이 생겼다.

그리고 며칠 전 잡아 온 비릿한 메기를 나무 꼬챙이에 끼워서 구웠더니 정말 맛있었고 부족원들은 앞다투어 너도나도 메기를 꼬챙이에 끼워 구워 먹으며 매우 만족하고 행복한 표정을 지었다.

그날 밤부터는 부족원들은 음산하고 추운 동굴에 가지 않고 그간 모은 모피와 나무로 기둥을 세우고 움막을 지어 볼 근처에 원형으로 나열하였다. 그리고 움막 뒤로도 늑대의 침입을 방지하기 위하여 여러 곳의 모닥불을 피워놓았다.

그날부터 칸의 부족원들은 불의 힘으로 대낮같이 밝고 따뜻한 밤을 보낼 수 있었다.

또한, 불이 꺼지지 않도록 3인 1조로 불침번[不寢番]을 서며 장작을 보충하여 불을 계속 지폈다.

부싯돌*

부싯돌은 철기 시대부터 사용해온 전통적인 점화 도구 '플린트-앤-스틸'에서 부싯돌[플린트]과 짝을 이루는 철편을 파이어스틸[Firesteel] 또는 파이어스트라이커[Fire Striker]라고 한다. 우리말로 이 철편은 '부시'라고 부른다.

부싯돌[Flint라고 불리는 석영 등의 규산염 광물로 이루어진 광석]이나, 그 외의 단단한 돌멩이로 철편의 날을 내려치면, 부딪히면서 살짝 긁혀나간 미세한 철의 분말이 타격 열에 의해 공기 중에서 발화하면서 불똥이 일어난다.

이 불똥을 솜이나 면, 나뭇잎, 숯 같은 불이 잘 붙는 '부싯깃[Tinder]'에 점화하게 한다. 참고로 여기서 폴이 돌멩이 두 개를 부딪쳐 불붙이기는 시간도 오래 걸리고 엄청 힘이 들어 차라리 나무를 마찰하여 불을 일으키는 것이, 더 빠를 수 있다.

5. 식물도 구워 먹을 수 있는 불판의 발명

> 돌판에 음식을 올려놓고 구우면 돌 온도가 균일하게 이루어지며 돌에서 원적외선이 발생하여 고기 맛을 좋게 한다. 돌은 엄청난 화력을 감당할 수 있으며 강력한 화력으로 고기를 구웠기에 더 맛있다고 볼 수 있다.

다음 날 아침이었다. 폴은 돌의자에 앉아 어제 잡은 토끼 고기를 불에 구운 후 혼자 뜯어먹고 있었다.

육고기나 물고기는 꼬챙이에 끼워 먹으면 되는데 부족원들이 잘 먹는 식물인 고사리, 미나리, 도라지, 참나물, 달래, 버섯, 쑥 등은 꼬챙이에 끼워 구워 먹기가 여간 불편했다.

어떻게 하면 이러한 식물을 잘 구워 먹을 방법을 한참 연구하다가 우연히 토끼 고기 한 점이 폴이 앉아있는 돌의자로 떨어졌다.

그 순간 뇌리를 스치며 떠오르는 생각 '혹시, 돌 위에 고기나 채소 등을 올려놓고 구워 먹으면 어떨까?' 하는 생각을 하였다.

'맞아! 돌을 불에 달구어 보는 거야.' 하고 무거운 돌의자를 낑낑거리며 들고 와 타오르는 모닥불 위에 올려놓았다. 두꺼운 돌의자는 거의 한 시간이 더 지나서 뜨겁게 달구어지고, 그 위에 어제 채집한 고사리와 버섯을 올려놓았다.

고사리와 버섯이 자글자글 곧바로 익었고 아주 편하고 맛있게 섭취할 수 있었고, 식감이 무척 부드러웠다.

폴은 바로 리나, 오크, 루나, 리반 4총사를 중요한 일이 있다고 데리고 돌이 가득한 강가로 갔다. 폴은 여기저기를 한참 동안 살피다가 가로 130cm, 세로 110cm의 넓고 커다란 네모난 돌판을 비로소 발견하였다.

'바로 저거야!' 무기로 쓰는 돌 방패의 100배가 넘는 엄청난 크기의 돌이었다.

"오크, 루나야, 우리의 임무는 저 커다란 돌을 집으로 옮기는 것이란다."

"폴, 너 정신 있니? 도대체 저렇게 큰 돌을 무엇에 쓰려고 그러니?"

"이 돌은 부족들을 위하여 정말 요긴하게 쓰일 거야. 옮겨 보면 알 테니, 잔말 말고 돌판 좀 옮겨 주면 정말 고맙겠구나."

그들은 오크를 믿고 칡넝쿨을 꼬아 밧줄을 만들고 커다란 돌판을 묶었으나 너무 무거워 전혀 움직이지 않았다.

무거운 돌이 땅과의 마찰력으로 꿈쩍도 안 한 것이다. 폴은 한참을 생각하더니 가져온 돌도끼로 주변의 동그란 통나무를 찍어서 2m 크기로 잘랐다.

오크는 갸우뚱하며 폴에게 물었다.

"이 나무는 어디다 쓰려고 그러니?"

"보면 알아, 너도 같이 자르자."

그리고 폴은 리반에게 말했다.

"리반아, 지금 바로 부족에 가서 아버지 족장님께 말씀드리고 소 두 마리와 10명의 전사, 올가미, 돌도끼를 가지고 이쪽으로 다시 오너라. 정말 좋은 것을 발견했다고 말씀드리면 지원해 주실 거야. 빨리 가 봐."

"알았어. 형, 갔다 올게, 기다려."

리반은 전속력으로 뛰어 부족에 도착해, 칸 족장에게 다가가 말씀을 드렸다.

"폴 형이 커다란 사각형 돌을 부족으로 가지고 오려고 해요. 소 2마리와 사람 10명과 올가미, 돌도끼를 지원해달라고 합니다."

"뭐라고? 폴, 그 녀석 무슨 엉뚱한 짓을 벌이려고 하는지 겁부터 나는구나."

"족장님, 믿어 주세요. 뭔가 쓸 만한 것을 만들려는 것 같습니다. 폴 형 때문에 우린 이렇게 잘 먹고 따뜻하고 행복하잖아요."

"폴 형도 이제 어른이라 개구쟁이 짓은 안하더라구요."

칸은 잠시 생각하더니 명령을 내렸다.

리반은 부족원 10명과 힘센 소 두 마리를 끌고 폴과 오크가 있는 강가로 왔다.

"오시느라 수고 많으셨어요, 여기 있는 네모난 돌 두 개를 부족으로 가져갈 겁니다. 그러기 위해서는 가져오신 돌도끼로 여기 제가 만들어 놓은 나무의 길이와 크기로 나무를 잘라야 해요."

폴은 감사를 표한 뒤 주변의 자를 나무를 지정해주자 부족원들은 열심히 돌도끼로 힘들게 나무를 잘랐다.

3시간이 지나서야 돌 밑에 넣을 둥근 나무를 모두 만들었다.

"이젠 가져갈 돌을 올가미 줄로 운반하기 쉽게 묶어주세요. 그리고 돌 밑에 나무를 넣어 지렛대를 이용하여 돌을 들고 돌 밑에 이 나무를 끼워주시면 소에 줄을 묶어 앞으로 끌고 갈 겁니다. 그리고 뒤로 지나간 나무는 다시 앞으로 집어넣으면 됩니다."

폴의 말대로 바위 밑에 동그란 통나무를 넣고 소가 끌게 했더니 무거운 돌이 쉽게 움직였다.

폴은 어떡하면 이 돌을 쉽게 운반할까 고민하다가 돌을 운반하는 원형 나무를 또다시 발명한 것이다. 부족원들은 폴의 비상함에 다시 한번 감탄을 하였다.

오크는 돌을 뒤에서 밀면서 불만을 토로했다.

"아이고, 힘들어, 개고생이네~, 폴은 왜 우리를 이토록 힘들게 하는지 모르겠다."

오크의 불만에 리반은 폴을 거들며 말했다.

"오크 형, 우리 폴 형은 우리 부족 최고의 천재이고 영웅이야. 결코, 우리를 실망하게 하진 않을 거니까 두고 봐. 형."

그리고 해 질 무렵이 다되어서 사각 돌 2개를 부족으로 가져왔다. 전날 많은 양의 땔감의 확보로 모닥불은 아직도 훨훨 잘 타고 있었다.

폴은 가져온 돌판을 돌도끼로 모난 부분을 친구들과 더불어 장시간에 걸쳐 두들겨 판판하게 잘라내었다. 그리고 평평한 지면을 잡아 돌판을 올리고 그 밑을 돌도끼로 계속 파기 시작하였다.

족장인 아버지 칸은 그 모습을 보고 물었다.

"폴, 오늘은 도대체 무얼 하려고 하루종일 호들갑을 떠는 거냐?"

"아버지, 저를 믿으시고 돌판 밑의 땅을 여러 명이 함께 깊이 좀 파주세요. 제가 맛있는 요리를 할 수 있는 도구를 만들려구요."

"그래, 어디 한번 해보자꾸나."

아버지 칸은 폴을 신뢰하고 있었다.

그리고 여러 명이 돌도끼로 작업을 하니, 돌판 밑에 커다란 구덩이를 순식간에 파게 되었다.

"다됐어요. 이제 이 돌판 밑에 맹렬하게 불을 땔 거예요."

불붙은 장작을 돌판 밑으로 옮기고 장작을 보충하였더니 불이 평지보다 훨씬 잘 타올랐다.

"이 돌판은 바람이 불거나 비가 와도 불이 날리거나 잘 꺼지지 않는 훌륭한 불판이고, 비린내 나는 물고기와 거친 채소도 쉽게 익혀 먹을 수 있는 신기한 돌판이랍니다."

이를 보고 부족원들은 모두 신통방통해하며 신기해하였다.

한 시간 정도 아궁이에 장작을 넣고 돌판에 불을 지피니 돌판이 매우 높은 온도로 달구어지게 되었다. 마침 저녁때가 되었는데 부족들이 낮에 사냥하고 채집한 음식들이 즐비하게 있었다.

폴은 달구어진 돌판에 고기와 채소 등을 가지런히 올려놓았다. 맛있는 냄새와 함께 지글지글 맛있게 구워져 부족원들은 너무도 맛나게 저녁 식사를 할 수 있었다.

모두가 폴의 발명 재능과 기술에 혀를 내두르며 감탄하였다.

식사 후 폴은 서둘러 부족원들과 근처 숲에 가서 다량의 땔감을 더 구해왔다.

매일같이 3명의 불침번을 정하여 모닥불을 피웠다.

그리고 그 주변에 동물의 털가죽으로 여러 채의 움막을 지어 밝고 따뜻하고 편안하게 밤을 보낼 수가 있었던 것이었다.

다음 날 아침이 되어 전날 채집한 여러 나물과 물고기, 육고기 등을 또다시 돌판 위에 올려놓고 불을 피워 먹을 수 있어 부족원들은 너무 행복하였다.

어느 가을날이었다. 아침부터 하늘이 흐리더니 비바람이 세차게 쏟아지는 짓궂은 날씨가 시작되고 부족들이 여기저기 피워놓은 모닥불들이 강한 비바람에 모두 꺼지고 말았다.

저녁이 되어 비가 그치고 음식을 먹으려고 했더니 마을 어느 곳에도 불씨가 남아 있지 않았다. 모두 폴에게 와서 불을 붙여달라고 주문했다.

폴은 불을 붙이는 부싯돌을 아무도 모르게 동굴 안에 숨겨놓고서 불이 꺼지면 그때마다 불을 붙이고 하였다. 부싯돌로 불을 붙인다는 것을 모두 알면 자신의 능력 발휘와 통솔력이 약해진다는 판단이었다.

부싯돌과 자작나무로 불을 붙이는 것을 아는 사람은 절친 오크밖에 없었다.

오늘도 폴은 불을 붙이러 동굴로 혼자 향했다. 동굴 안에는 비나 눈이 올 것을 대비하여 잘 마른 장작이 다량으로 확보되어 있었다.

폴은 동굴 위에 숨겨둔 자작나무 잎과 부싯돌을 꺼내고 자작나무 잎에 부싯돌을 마찰하여 불을 붙이는데, 오늘따라 습도가 높아서인지 자작나무에 불이 잘 옮겨붙지 않았다.

"폴, 불이 잘 안 붙니?"

폴은 깜짝 놀라서 뒤를 돌아보니 오크가 따라와 처음부터 보고 있었던 것이다.

"오크, 언제 왔어?"

"좀 전에 네가 불을 피우는 데 나의 도움이 필요할 것 같아서, 폴, 부탁이 있어. 이 부싯돌 내가 한번 불을 일으켜 보면 안 될까?"

"오크, 해보고 싶니?"

"어, 꼭 한번 해보고 싶어"

"그런데 오크야 다른 사람들한테 부싯돌로 불을 붙인다는 건 절대 비밀이야. 앞으로 내가 불 장작 사업을 할 건데, 부싯돌로 불을 붙이는 것을 알면 부싯돌을 구하려고 하지, 결코 불 장작을 구입하러 안 올 거야. 그러니 비밀 꼭 지켜줘."

"알았어, 걱정하지 마, 폴."

오크는 부싯돌을 폴에게서 건네받아 자작 나뭇잎 위 부싯돌을 마찰하여, 빠른 시간에 불을 일으키는 데 성공하였다. 그리고 그 위에 장작을 올려 불을 붙였다.

"오크, 너도 이제 기술자가 다 됐구나. 이렇게 불을 빨리 붙이다니. 우리 부족은 앞으로 불을 팔아서 큰 부자가 될 수 있고, 모두 행복하게 살 수 있어. 두고 보렴."

두 친구는 불붙은 장작을 두 개씩 손에 쥐고 동굴 밖으로 나갔다. 그리고 불을 확대하여 부족의 돌판 및 여러 아궁이에 불을 지폈다.

폴은 가끔 장작이 떨어지거나 비가 와서 불이 꺼지면 부싯돌로 바로 불을 만드는 부족의 영웅이며 마술사였다.

6. 사업가 폴

폴은 불을 살리는 것을 발명하고 불붙은 장작을 여러 부족에게 판매하여 막대한 이득을 본다는 것은 어디까지나 설정이다.

칸의 부족이 늘 불이 있다는 소문은 바람을 타고 순식간에 주변 부족들에게 퍼져 너도나도 앞다투어 칸의 부족으로 찾아와 불붙은 장작을 사 가게 되었고, 폴의 사업은 예견한 대로 대성공이었다.

불붙은 장작 하나에 지금 돈 10만 원에 팔았는데 한 부족에서 보통 10개씩 구매하였고 가장 멀리서는 왕복 8시간 가까이나 걸리는 거리에 사는 폭군 야비가 족장으로 있는 큰 부족도 불 장작을 구매하러 수십 명을 이끌고 직접 이 먼 곳까지 자주 왔다.

하루는 부족으로 돌아가는 중에 불 장작이 모두 꺼졌다고 야비가 노발대발하고 불량품을 팔았다고 새로운 불 장작을 두 배로 안 물어 주면 이 부족을 몰살시켜 버린다고 협박하며 크게 싸운 적이 있었다.

폴은 불 장작을 팔 때 주의 사항으로 '먼 시간 가는 사람들은 중간에 다른 장작으로 수시로 불을 옮겨붙어야 한다.'라는 주의 사항을 말했지만 유독 야비 부족은 통하지 않는 블랙컨슈머였고, 다시는 오지 않았으면 하는 부족이었다. 할 수 없이 야비 부족이 원하는 대로 해주었다.

당시는 돈이 없는 시대라 양이나 염소, 소, 동물의 모피, 돌칼과 같은 무기 등과 교환하였는데 3개월이 안 되어 동굴 안에는 모피와 무기가 가득 찼고 염소와 양이 1,000마리, 소가 100마리의 재산을 갖는 원시시대 재벌로 엄청난 부자가 되었다.

그리고 비가 온 다음 날은 어김없이 칸 부족으로 불붙은 장작을 사러 오는 사람으로 긴 줄로 장사진을 이루었고 칸 부족은 마구 쏟아지는 재물로 사냥이나 수렵을 안 하여도 편히 먹고 살 수 있어 너무도 행복하였다.

제 3 장

시련과 방황

1. 배신자 오크

오크는 리나를 납치하고 부싯돌을 훔쳐서 야비네 부족으로 가는 것을 사전에 계획하였고 그 날짜를 칸의 생일날로 잡았다. 그리고 거사를 치르는 시간에 근무를 서는 불침번 리반 등에 강제로 술을 권하여 취하게 했다.

그러던 어느 날 엄청난 일이 일어났다. 폴의 드높은 인기와 부와 명예에 대한 열등감과 질투와 리나에 대한 짝사랑, 감옥에 갇힌 처벌에 대한 앙심을 가진 절친 오크는 해서는 안 될 엄청나게 큰일을 벌이고 만다.

부족원들이 족장 칸의 50세 생일을 축하하는 축제를 하고 모두 술에 취해 곯아떨어진 기회를 엿보았다.

제일 먼저 폴이 동굴에 숨겨놓고 불을 피울 때 사용하는 부싯돌과 자작나무 잎을 훔쳤다.

보초인 리나 오빠 리반, 카오와 린네 3명 또한 오크가 사전 계획에 의하여 권한 술을 잔뜩 마시고 모닥불 옆에서 꾸벅꾸벅 졸고 있었다.

오크는 평소 리나를 짝사랑하고 있었지만 리나는 내년 봄에 폴과 결혼하기로 되어 있는 아리따운 18세 처녀였다.

오크는 리나 가족이 자는 가죽 움막으로 돌도끼와 돌칼을 들고 조용히 침입하였다.

갑자기 움막의 문이 걷히는 소리에 깜짝 놀라 잠에서 깬 돌창의 달인 리나의 아버지 라니아는 갑자기 침입한 오크를 바로 알아보았다.

"너 오크 아니냐? 네놈이 도대체 이 시간에 무슨 일이냐?"

강력히 오크의 멱살을 잡고 대항하였지만, 돌도끼를 꺼내든 젊은 오크를 당하기는 역부족이었다.

돌창의 달인 라니아는 구석에 세워둔 자신의 주특기인 돌창을 잡으려 필사적으로 노력했지만, 오크는 이를 허락하지 않고 아버지의 뒤통수를 돌도끼로 강하게 가격하여 살해하였다.

이에 달려드는 어머니를 돌칼로 복부를 찌른 후 폴의 약혼녀 리나를 돌칼로 위협하여 입을 막았다. 그리고 서둘러 리나를 끌고 어두운 숲속으로 도주를 하였다.

리나와 리나 어머니의 비명에 불침번을 서던 리반 일행이 잠이 깨 바로 현장에 왔다.

이미 돌도끼에 맞아 절명한 리나 아버지의 처참한 시신과 피투성이의 리나 어머니의 처참한 모습이 발견되었다. 어머니 루틴은 오크가 내 딸을 납치했다는 말을 남기고 실신을 하였다.

리반은 아버지의 시신을 붙잡고 오열을 하였다.

조금 후 이를 본 족장 칸은 즉시 비상 뿔을 불어 전 부족들을 깨웠다.

"오크, 배신자 이놈, 아들처럼 대하여 주었는데 기어코 우릴 배신했구나. 쳐 죽일 놈."

"당장 추격 팀을 구성해라"

발 빠른 추격 팀 폴을 포함한 10여 명이 횃불을 들고 오크와 리나의 행방을 뒤쫓았다.

그날따라 달도 없이 날씨가 어두워 어디로 갔는지 도저히 찾을 수가 없어서 3시간 만에 허탈하게 복귀하였다.

날이 밝자 리나의 아버지가 오크에 의하여 무참하게 사망한 것과 리나를 납치한 것을 간신히 목숨을 구한 리나 어머니 루틴이 모두 증언하였다.

그리고 부족의 보물 1호인 부싯돌과 자작 나뭇잎도 모두 사라진 것을 알았지만 오크가 어디로 간지 도무지 알 수가 없었다.

2. 넘버 2 오크

> 배신자 오크는 리나를 어려서부터 흠모하고 짝사랑해왔다. 그리고 칸 족장의 아들이고 똑똑한 폴에게 늘 심한 열등감과 질투심을 느낀 오크는 리나를 납치하여 차지함으로 자신의 열등감을 만회하려고 했다.

한편 오크는 리나를 납치하고 못 간다고 죽도록 반항하는 아름다운 리나를 손과 발로 마구 때렸다. 그리고 손과 목을 끈으로 묶어 산 넘고 물 건너 밤새 개처럼 질질 끌고 가서 미리 계획했던 부족 규모가 1만 명 규모인 대규모 부족인 야비네 부족으로 향했다.

주변 부족들을 침략하고 여성과 어린이들을 납치하여 세를 넓힌 악명 높은 야비네 부족으로 들어간 것이다.

야비 족장은 불 장작을 구매하려고 몇 번 온 적이 있었고 시비가 잦아 오크와는 서로 아는 관계였다.

"존경하옵는 야비 족장님, 저희 두 사람을 받아주십시오."

"너는 칸의 부족장 아들 친구 아니

냐? 저 여자는 누구냐?"

"네, 맞습니다. 족장 칸의 아들 폴이 빼앗아 간, 저의 여자 리나입니다. 폴이 제가 좋아하는 여자를 빼앗아 갔습니다."
하고 거짓말을 하였다.

리나가 말을 하려고 했으나 오크는 리나의 입에 재갈을 물린 상태였다.

"족장님, 제가 불을 만드는 능력이 있습니다. 그리고 맛있는 음식을 만드는 방법과 따뜻하게 밤을 보내는 방법도 알고 있습니다."

"뭐라고? 네가 정녕 칸 부족처럼 불을 만들 수 있다는 게냐? 그러면 당장 시험해 보아라. 거짓이면 너와 저 여자는 당장 목을 벨 것이고 사실이면 나의 귀염둥이 큰딸을 주겠다."

"걱정하지 마십시오. 청이 하나 있는데 제가 데려온 리나도 저의 아내로 삼겠습니다."

"물론, 약속하마. 정말, 불만 만들 수 있다면 네가 원하는 모든 것을 줄 것이다."

"감사합니다. 어서 마른 땔감용 나무나 많이 구해 오십시오."
라고 말하며 주문을 하였다.

야비의 명령에 부족원들은 모두 숲으로 달려가 나무를 가져오는 바람에 얼마 후 집채만 한 나무 무더기가 쌓였다.

오크는 폴이 부싯돌로 자작나무에 불을 붙이는 것을 여러 번 보았고, 폴 앞에서도 부싯돌로 불을 붙여보았으며, 폴이 없을 때 몰래 여러 번

불을 붙여보았기에 그대로 실행하는 데 전혀 문제가 없었다.

"야비 족장님, 불을 붙이는 것은 하늘에 기도하고 기도에 대한 응답이 와야만 하늘에서 불이 내려옵니다. 그리고 불이 내려오는 것을 행여 다른 사람이 보면 악마의 저주로 바로 눈이 멀어버립니다."

"칸 부족에서도 불을 붙이는 것을 보던 세 사람이 장님이 되었답니다."

"잠시 동굴 안에 가서 불을 만들어 오겠으니 동굴 주위에서 적어도 50m 정도 떨어져야 합니다. 하늘에서 불이 내려올 때 다른 사람이 보면 부정이 타서 번개와 벼락이 칠 수 있으니 절대 가까이 오면 안 됩니다."

"정말 무서운 불이구나. 그렇게 하여라. 아무도 불을 붙이는 곳 근처에 가거나 절대 보면 안 될 것이다."

오크는 자신과 리나의 생사가 달린 불을 붙이는 방법을 야비가 안다면 자신이 쓸모가 없어 해를 입을 줄 몰라 멍청한 야비에게 거짓말을 했다. 불은 오로지 오크만이 붙일 수 있다는 것을 야비와 부족원들에게 선포한 것이다.

오크는 폴에게서 훔쳐와 주머니에 넣은 부싯돌과 자작나무 그리고 잘 마른 장작 두 개를 가지고 동굴에 들어간 후, 얼마 만에 손쉽게 불을 붙이게 되었다.

그리고 불을 붙이는 부싯돌과 자작 나뭇잎을 아무도 모르는 동굴 구석에 은밀히 숨겨놓았었다.

잠시 후 활활 타고 있는 불붙은 장작을 양손에 쥐고 동굴에서 나온 오크를 보자, 야비 족장은 너무도 신기한 이 광경에 기절할 뻔하며 탄성을 지르더니,

"오크, 너 정말 너무도 대단하구나. 이 짧은 시간에 하늘에서 불이 내려오다니, 정말 훌륭하구나."

"훌륭해, 이제 우리도 칸 놈들처럼 드디어 불을 만들 수 있구나. 오크, 이제부터 너는 나의 맏사위이고 우리 부족의 부족장이다. 하하하…."

그리고 오크는 칸의 부족에서 본대로 야비에게

"야비 족장님, 제가 말씀드린 대로 오늘부터 음침한 동굴에서 자지 말고 동물의 가죽에 나무로 기둥을 세워 움막을 만들고 모닥불 주변에 설치하여 잠을 자면 밝고 따뜻하고 좋을 것입니다."

그러자 야비는 다시 물었다.

"늑대 무리나 곰이 쳐들어오면 어찌할 것이냐?"

이에 오크는 말했다.

"불침번을 서서 장작만 보충하여 불만 안 꺼뜨리면 어떠한 맹수들도

불이 무서워 감히 접근하지 못합니다. 칸 부족원들은 보통 3명씩 보초를 섭니다."

"그래, 그러면 오늘부터 해보자꾸나, 불침번도 우린 교대로 10명씩 세우고."

야비의 부족도 동굴 생활을 접고 칸 부족처럼 서둘러 대규모의 움막촌을 만들었다.

그리고 칸 부족과 똑같이 구덩이 위에 돌판 요리대를 만들고 모닥불 주변에 원형으로 움막을 설치하고 숙식을 하게 되었다. 그간 사용했던 동굴은 단지 창고로만 활용하였다.

야비 부족에게도 배신자 오크의 덕으로 놀랄만한 생활의 혁명이 일어난 것이다.

야비는 오크의 공을 높이 인정하여 부족장으로 임명하고, 약속대로 오크보다 8살 많고 매일같이 먹고 자는 것이 취미인, 키 160cm 몸무게 200kg이 넘는 부족 최고의 거구인 자신의 노처녀 딸 비계와의 혼인 날짜를 잡았다.

비계는 너무너무 뚱뚱해 별명이 굴러다니는 공포의 바윗돌이었고, 그러한 외모로 인하여 30살 노처녀였음에도 모태솔로였고 결코 어느 남자 하나 거들떠보는 사람이 없었다.

오크도 보는 눈이 있어 외모가 꽝인 비계를 싫어했지만, 울며 겨자 먹기로 자신의 권력을 높이고 지키는 지름길이라 생각하여 일부러 기쁜 척하였고, 비계는 비교적 잘생긴 오크에게 반하여 좋아 어쩔 줄 몰랐다.

며칠 후, 오크와 비계는 부족원들과 원로들이 모인 재단 앞에서 성대한 결혼식을 올렸다.

그러나 오크의 마음속에는 오로지 아름다운 리나밖에 없었다.

한편 야비 부족에게도 불을 만든다는 소문과 칸 부족의 3/1 가격[3만 원]에 불 장작을 판다는 소문에 주변 부족들이 다투어 볼 장작을 구매하러 오느라 그야말로 문전성시[門前成佛]를 이루게 되었다. 야비 부족은 단시간 내에 엄청난 부자 부족이 되었다.

반면에 폴의 불 장작 사업은 야비의 저가 판매로 개미 하나 없이 하루아침에 쫄딱 망하고 만 것이다.

3. 불쌍한 우리의 리나

> 비계는 오크를 처음 본 순간부터 사랑했고, 오크가 자신의 뚱뚱한 외모 때문에 자신을 멀리한다는 것을 알았다. 오크가 자신보다 예쁜 리나를 좋아하는 것에 대한 열등감과 자괴감이 질투심을 유발하고 엄청난 폭력으로 배출되었으며, 야비의 큰 딸이라는 지위로 엄청난 권력을 가진 비계는 부족에서 못 할 일이 없었다.

어느 날이었다. 오크는 리나가 묵고 있는 움막으로 와서 움막의 보초를 서던 경비원들을 물리고 그간 묶었던 손을 풀어주었다.

오크는 리나에게 말했다.

"리나야, 난 어려서부터 널 줄곧 사랑해 왔고, 지금도 정말 사랑한단다. 네가 폴과 내년에 결혼한다고 했을 때 나는 하늘이 무너지는 줄 알았단다. 그러니 이젠 포기하고 나와 결혼하자. 나는 조만간 거대 부족의 족장이 될 것이며 세상에서 제일 행복하게 해주겠다." 라며 꼬였다.

리나는 이러한 오크를 향해 크게 울부짖으며 말했다.

"부모를 죽인 불구대천지원수[戴天之怨讐]6), 악마, 비열한 배신자, 부족의 보물을 훔친 도둑놈 오크, 네놈은 천벌을 받을 거다."

"폴과 리반 오빠가 결코 널 가만히 안 둘 거다."

그러자 오크는 리나를 바라보며 말했다.

"리나, 내 말 똑똑하게 잘 들어라. 너의 약혼자 폴이 전 부족 500명을 모조리 몰고 온다 해도, 결코, 너희 부족은 우리를 이길 수 없어. 우리 전사들은 날마다 전투로 단련된 세계 최강에 전사다."

"우리는 일당백의 막강한 전사만 무려 오천 명이 넘어. 이길 수 있는 확률은 제로에 가깝다는 걸 알아야 한다."

"아무도 널 결코 구할 수 없다는 걸 명심해 리나야. 네가 이처럼 고집을 부리면 내가 우리 전사들을 이끌고 가서 폴과 리반을 죽이고 너희 부족을 전멸시킬 수도 있단다. 그러니 인제 그만 포기하고 나를 받아줘. 정말 사랑한다."

라며 리나를 강제로 안으려 하였다.

리나는 이에 격분하여 가까이 오면 돌칼로 자결을 한다고 품에서 작은 돌칼을 꺼내 목에 찌르려고 하였다.

"오크, 죽일 놈아."

이토록 오크에 대한 원한과 절개가 굳은 리나에게 오크는 즉시 꼬리를 내리며, 이러지도 저러지도 못했다.

---

6) 불구 대천지원수[不俱戴天之怨讐]. 한 하늘에서 더불어 살 수 없는 원수를 말한다.

"아냐~ 아냐~, 내가 갈게."

오크가 허둥지둥 리나의 움막에서 나오는데 그의 아내 비계가 문 앞에서 눈에 쌍심지를 켜고 이 상황을 처음부터 지켜보고 있었다.

"여보, 도대체 저 여자가 도대체 뭔데 쩔쩔매요. 한번 가까이 가서 면상이라도 제대로 봅시다."

리나 앞으로 가서 고개를 떨어뜨린 리나의 머리채를 잡아 올리고 얼굴을 본 후, 너무 예뻐 열등감과 질투심에서인지 좌우로 리나의 긴 머리카락을 마구 잡아당겼다. 얼마나 세게 당겼는지 리나의 비단결 같은 머리카락이 한 움큼 뜯겨 나갔고 리나의 외마디 비명이 움막을 크게 울렸다.

"야, 거지 같은 것아! 네가 뭐가 대단해? 나보다 키 크고 몸무게 조금 나가는 것밖에 없구먼. 난 거대 야비 부족의 제1 공주님이다."

하며 육중한 체중을 오른손 주먹에 실어 리나의 오른쪽 얼굴을 세차게 가격했다.

비계의 체중을 실은 강력한 펀치를 맞고 리나의 광대뼈가 금이 갔고 쌍고뇌가 터졌다. 또 일굴을 때리려고 하는데 오크가 비계의 손을 잡았다. 그러자 발로 리나를 짓밟으려고 하였다. 그 무거운 몸무게로 말이다.

"비계, 제발 그만하시오. 지금 리나를 죽일 참이요?"

하며 오크는 몸으로 비계가 리나를 밟지 못하도록 몸으로 막았다.

"비계, 리나는 내가 이 부족으로 들어올 적에 데리고 온 아내이고, 부친 야비 족장님께도 허락받았으니, 그러지 마시고 사이좋게 지내시도록 하시오. 이제 그만하고 어서 우리의 처소7)로 갑시다."

하며 비계의 손을 잡고 강제로 끌고 나갔다.

비계는 손을 탁 뿌리치며

"여보, 나는 당신과 부족원이 모두 보는 가운데 정식으로 혼례를 치른 단 하나뿐인 당신의 진정한 부인이에요. 저 여자는 당신이 납치해온 노예에 불과한 것이고 당신에게 그 이상도 그 이하도 아무것도 아니에요. 알겠어요?"

"저 여자는 죽도록 맞아야 해요. 어디 감히 야비 부족의 맏사위에게 칼을 들고 덤빌 수가 있어요? , 내가 반드시 저 여자를 죽일 거예요."

"계속 저 말라비틀어진 재수가 없는 여자를 감싸면 당신도 가만 안 둘 거예요. 조심해요."

그리고 비계는 리나에게 위협적으로 말했다.

"너, 그 잘난 면상 조심해라. 내가 조만간 내 발이나 엉덩이로 밟거나 눌러서 아예 묵사발로 만들테니, 그리 알아라."

야비의 큰 딸 비계도 제 아버지 야비의 성격을 그대로 이어받아 포악하기 그지없었다.

---

7) 처소 [處所] 사람이 살거나 임시로 머물러 있는 곳.

오크의 처 뚱녀 비계에게 갑작스러운 봉변을 당한 리나는 너무 원통해 흘러내리는 코피를 손으로 막으며 한없이 눈물만 흘렸고, 자신을 이 지경으로 만든 오크가 더욱 원망스러웠다.

비계는 오크가 사냥이나 회의하러 자리를 비우면 이를 체크하였다가 하루가 멀다고 리나의 움막으로 쳐들어왔다. 그리고 계속 이어지는 폭언과 구타, 가혹행위, 남자들도 힘들어하는 부족 공중화장실 대변통 비우기, 바위산의 동굴 파기, 사냥해온 멧돼지 옮기고 해체하기, 돌도끼와 돌그릇 만들기 등 너무도 힘든 일들만 골라서 시켰다.

시키는 일에 반항이라도 하면 비계의 시녀와 함께 달려들어 머리카락을 쥐어뜯고 무차별 구타가 이어졌다. 리나에게 오크와 비계 두 부부가 악마이자 사탄이었다.

한편 야비 부족은 옆 부족 쿤사 부족들과 경계가 모호하여 영토 문제로 심하게 '니땅, 내땅~'하며 다투는 일이 많았다. 쿤사족은 전 부족이 2천 명 남짓 되는 남을 침략하거나 해코지를 안 하는 착한 중견 부족이었다. 이러한 갈등이 있던 차 하루는 야비 부족 여자 2명이 들에서 열매를 따는데 닙지딩했다는 보고가 들이왔다.

사실 작년에 야비 부족이 먼저 쿤사 부족을 침범하여 식물을 채집하던 여자들과 어린아이 10여 명을 먼저 납치하고 노예로 부리고 있었다.

그리고 이번 사건은 납치가 아니라, 열매를 따는 여자 2명이 쿤사 부족 영토인 것을 알면서도 침범하여 열매를 따다가 잡혀간 것이다.

하지만 이에 분개한 야비는 "감히 우리 야비 부족원들을 납치하다니 쿤사 놈들 전멸시켜 주겠다." 하며 이를 구실로 전쟁하기 위해 부족 동원령을 내리고 전투 준비를 하였다.

눈이 오는 어느 날 야비는 쿤사 부족 숫자보다 훨씬 많은 4천 명을 이끌고 오크와 장군 리첸과 함께 쿤사 부족으로 출전하였다.

떠나기 전 오크는 비계에게 부탁하였다.

"비계, 우리 전사들은 지금 쿤사 부족을 멸망시키러 출전을 하오. 아마도, 전쟁을 끝내려면 한 달은 걸릴 것 같으니, 부탁이오만 리나를 괴롭히지 말아 주시오."

"아니 당신, 내가 언제 리나를 괴롭혔다고 그래요. 앉으나 서나 그 여자 생각 이제 신물이 나네요. 안 괴롭힐 테니 몸조심하시고 꼭 승리하시고 돌아오세요."

한편 쿤사 부족에서는 야비의 부족과 경계 지점 안쪽 쿤사 영토에서 머루와 블루베리 열매를 따는 30대 여자 둘을 잡아 쿤사 앞으로 대령했다.

"너희는 야비 부족의 여자들 아니냐? 어쩌자고 남의 영토에 허락도 없이 침입하여 열매를 땄느냐?"

"족장님, 저희는 미천하여 그곳이 족장님 영토인 줄 모르고 열매를 땄습니다. 살려주십시오."

쿤사는 생각하였다. 성격이 포악한 야비 부족이 이것을 빌미로 쳐들어올 것 같다는 불길한 예감이 뇌리를 스쳤다. 쿤사는 잡아 온 야비 부족 여자들을 풀어주라고 명하였다. 그러자 그의 아들 쿤타가 말했다.

"작년에 야비가 무단으로 우리 부족 땅에 들어와 10명의 소녀와 아이들을 납치해갔습니다. 그 아이들과 교환조건으로 하는 인질로 잡아야 합니다."

"아니다. 이들을 안 풀어주면 그들에게 침략의 빌미를 제공하게 되는 것이다. 어서 풀어주고 경계를 더욱 강화시켜라."

출전을 한 야비 부족 전사 4천여 명은 산 넘고 물 건너 쿤사 부족 쪽으로 빠르게 전진하여 왔다.

그날도 열심히 숲속을 헤치고 전진하는데 웬 여인 두 명이 다가왔다. 쿤사가 풀어준 야비의 부족 여자들이었다.

야비는 그 여인들에게 물었다.

"쿤사 부족에게 잡혔다고 하더니, 너희들은 어떻게 도망쳤느냐."

"저희가 도망친 것이 아니라 우리가 실수로 영토를 침범하여 열매를 땄는데도 쿤사 족장이 우리를 너그럽게 풀어주셨습니다."

"그래, 너희들은 어서 부족으로 돌아가거라. 그리고 우리는 서로 만난 적이 없는 거다. 알겠느냐?"

여인 두 명을 석방하여 싸울 명분이 없는데도 포악한 야비는 세력을 넓히려 이처럼 침략을 감행한 것이다.

어느덧 해가 져서 야비 부족은 요정이 나온다는 엘프 숲속에서 오크가 불을 피우고 저녁 식사를 하며 하룻밤을 보내게 되었다.

한편 쿤사 부족의 높은 망루에서 근무를 서던 전사가 자신의 영토 저 멀리 10km 엘프 숲속에서 여러 개의 불빛이 타오르는 것을 보게 되었다. 그리고 즉시, 쿤사 족장에게 전했다, 쿤사와 아들 쿤타는 망루에 도착하여 그 불빛을 재차 확인했다. 대규모의 불빛이 보이는데 '이는 틀림없이 우리를 쳐들어온 부족의 불빛이 틀림없다.'라고 생각하였다.

"아마도 저 정도의 대규모 무리는 우리를 호시탐탐 노리고 있는 야비 부족의 불빛 같구나."

"쿤타, 즉시 발 빠른 전사 5명을 데리고 그 불빛이 보이는 곳에 은밀하게 가 조사해 보아라. 속히!"

쿤타는 부친의 말에 따라 조심히 불빛을 향해 출발했다. 그곳에 도착해 보니 정말 야비 부족의 부족 깃발이 보였다. 수천 명의 야비 부족의 전사가 중무장을 한 채 엘프라는 숲에 움막을 치고 커다란 진지를 구축하고 있었다.

이를 살핀 쿤타는 자신의 부족으로 돌아와 아버지 족장에게 이 사실을 알렸다.

"아버지, 아버지께서 예견하신 대로 야비 부족이 틀림없었습니다. 엘프 숲속 중심부에 대규모의 야비 부족이 주둔하고 있었습니다."

"야비 이놈들, 여자들을 풀어주었는데도 우리를 쳐들어오다니, 나쁜 놈들, 그놈들은 옛날부터 우리를 못 잡아먹어서 안달이었다."

"쿤타, 야비 전사가 몇 명이나 되더냐?"

"적어도 4천 명은 넘는 대병력인 것 같습니다."

"뭐라고 4천씩이나? 올 것이 온 것 같다. 큰일 났구나. 전사만 해도 우리 부족원 인구의 두 배가 넘는구나."

쿤사는 즉각 전 부족 비상사태를 알리게 했다. 그리고 부족 원로들과 대책 회의를 하였다.

"우리 부족이 총 가동될 수 있는 전사는 1친 명 남짓이고 적들은 4천 명이 넘으니 도대체 어떻게 해야 하겠소? 우리 부족의 일생일대8), 아니

---

8) 일생일대[一生一大] 일생을 통해서 가장 중요함을 이르는 말.

역사상 가장 큰 재앙이 닥치었소. 그들은 포악하고 전투력도 아주 강하니 큰일이요."

'우리가 죽기를 각오하고 싸울 것인지, 아니면 항복하고 그들의 노예가 될 것인지, 둘 중 하나를 선택하시오.'

하고 원로 투표에 부쳤더니 싸우자는 의견이 더 높았다.

"저들은 적어도 내일이면 우리 부족에 당도할 것이요."

"지금 부족은 위험하니 북쪽 칼빈산 중턱에 준비한 동굴 요새로 싸우지 못할 노약자들을 이동시킵시다. 그리고 여자들도 나이 10대 말~40대 말까지는 모두 전투에 참여하시오."

"우리가 야비 부족을 못 막으면 남자들은 다 죽고 여자들은 평생 성 노리개나 노예로 살아야 할 것이요."

쿤사는 노약자와 어린아이 400명을 칼빈산 동굴로 즉시 향하게 했다. 칼빈산 동굴은 유사시를 대비하여 쿤사 부족이 지난 수십 년간 만들어 놓은 전략적 비밀 동굴이었다.

쿤사 부족 17세에서 60세 전 남자와 여자 20대에서 40대를 모두 동원하니 전투자원이 1,600명이나 되었다.

이들은 모두 힘을 합쳐 부족으로 들어오는 길에 장애물 설치를 추가시켰다. 다행히 그날따라 달빛이 밝아 작업이 수월하였다.

여러 개의 구덩이를 파고 안에다 뾰족한 죽창을 꼽았다. 그리고 여러 가지 전투용 장애물을 설치하였다. 드디어 날이 밝았다.

한편, 야비 부족은 엘프 숲에서 서둘러 아침 식사를 하고 대열을 갖추어 쿤사 부족으로 향했다.

'쿤사 놈들, 우리가 오는 것은 꿈에도 모를 거야.' 하고 전진을 재촉했다.

쿤사 쪽 전사는 밤새 파놓은 구덩이를 지면과 표시 안 나게 위장하는 작업을 하였고 죽창을 다발로 만들어 나무 꼭대기에 걸어놓고 이를 줄과 연결하여 줄을 건들면 죽창이 땅으로 덮치는 장애물도 여기저기 설치하면서 야비 부족과의 전투 준비에 박차를 가하였다.

그리고 부족원 전체 전사 1천 600명 모두에게 활과 20발의 화살이 지급되었다.

야비 부족이 살상 반경인 50m 안에 들어오면 모두 발사하기로 하였다.

얼마 후 기세 당당한 야비는 쿤사 부족의 마을 입구 초원 쪽으로 진입하였고, 마을 초입 망루에서 보초를 서던 쿤사의 전사가 적이 침입했음을 알리기 위해 뿔 나팔을 불며 속히 부족으로 합류하였다.

그리고 곧 야비의 진격 명령이 떨어졌다.

"전 부족 돌격!"

야비의 추상9)같은 명령이 떨어졌다.

선두그룹 수백 명이 괴성을 지르며 창을 빼 들고 빠르게 쿤사족 마을로 돌진해 나가기 시작하였다. 바로 그때 선두에선 야비 전사 수십 명이 쿤사 부족들이 밤새워 준비한 함정에 빠져 목숨을 잃었다. 그러자 야비는 진격을 중지할 것을 명하였다.

"이놈들, 우리가 올 줄 알고 함정과 죽창을 준비했구나, 야비하고 교활한 놈들. 모두 조심해라! 그리고 발밑을 창으로 찌르며 천천히 전진하라, 나무 옆은 가지 말고."

야비의 명령에 따라 함정에 걸리는 전사는 더 발생하지 않았다.

아주 천천히 쿤사족 마을에 도착한 야비 부족의 전사는 쿤사의 돌화살 사정거리 안에 점차 들어왔다.

바로 그때, 쿤사의 사격 명령이 떨어지고, 먼저 1600여발의 돌화살이 야비 부족으로 향했다. 선두그룹 몇십 명이 돌화살을 맞고 고꾸라졌다.

"전 부족 방패로 막아라."

야비는 돌 방패로 돌화살을 막았다.

선두그룹 몇십 명과 하반신을 방패로 가리지 못하여 돌화살을 맞은 전사자들이 다수 생겼다.

이후 야비족의 반격으로 무려 4천 명의 야비

---

9) 추상(秋霜): 가을의 찬 서리.

전사가 쏘는 화살이 쿤사 부족 전사들에게 빗발을 쳤다.

"발사 또 발사!"

양쪽에 수많은 사상자가 나왔다. 그러나 수적으로 너무 열세인 쿤사 부족은 더 이상 버티다가는 전멸을 당할 것 같았다. 쿤사는 자신의 마을에 타고 있는 모닥불 장작을 빼내 여기저기 즉시 불을 지르고 전략적 요충지인 칼빈산 동굴로 전원 퇴각을 하였다. 야비는 즉각 뒤쫓으려 했는데 연기로 인하여 앞을 볼 수 없어 추격하지 못하였다.

쿤사는 살아남은 부족원들과 부상자들을 데리고 칼빈산 동굴로 향했다. 칼빈산으로 가는 길은 숲이 울창하여 퇴각하는 쿤사 부족의 모습을 발견할 수 없었다.

한편 부족에 남아 있던 비계는 아버지 야비와 오크가 출전하고 없으니 부족의 왕이 되었다.

오크와의 약속을 저버리고 오크가 출전한 다음 날 부족 경비 전사들을 시켜 리나를 야비의 대형 움막으로 잡아오게 하였고, 잡아 오자마자 구타를 하였다.

그리고 그 추운 겨울날 아무 죄기 없는 리나를 부족원들이 다 보는 앞에서 머리채를 질질 끌고 가 나무에 묶고 직접 채찍으로 등 쪽을 마구 때렸으며, 오크가 출정 나간 일주일 동안 밥도 주지 않고, 춥고 어두운

1부 원시발명왕 폴

동굴 감옥에 가두고 인간으로서는 할 수 없는 온갖 악행을 저질렀다.

이로 인해 리나는 온몸이 만신창이가 되었고, 이젠 모두 내려놓고 제발 죽고 싶었다. 하지만 마음속 저 밑에서 죽음보단 강한 분노의 기운이 용솟음쳤다.

내. 악착같이 살아서 오크와 비계 이 악마들에게 복수할 것을 약속하며 이를 갈고 참았다.

'비계, 두고 보자. 내 움막에 숨겨놓은 돌칼로 언제가 꼭 복수할 것이다.'

한편 야비는 쿤사족 마을을 장악하고 며칠을 머물면서 사방팔방으로 전사를 투입해 쿤사족의 도망간 위치를 찾는데 열중하였다. 마침 쿤사족 3명이 야비 전사의 화살을 맞고도 아직 살아있어서, 부족 주술가에게 어떠하든지 살려내라고 명령하고 그들을 3일간 열심히 치료하여 살렸다.

야비는 쿤사 전사에게 말하였다.

"부족의 위치를 말하여라."

야비는 돌도끼를 들고 위협을 하였다.

"너희들이 말을 하지 않아도 너희 부족은 산으로 도망가서 곧 굶어 죽는다는 걸 모른단 말이냐? 그러니 너희 부족을 살리려면 위치를 말하라."

"다시 한번 묻겠다. 너!"

하고 첫 번째 전사를 지명하고 말하자, 그 전사는 야비 얼굴에 '퉤' 하고 침을 뱉었다. 화가 난 야비는 돌도끼로 그 전사의 머리를 쳐서 죽였다. 두 번째 전사에게 물었다.

"너희 부족은 어디로 갔느냐."

"이 더러운 놈 우리가 너희들에게 무슨 잘못을 하였기에 평화로운 우리를 쳐들어와 쑥대밭을 만든 것이냐? 우리 전사는 최후의 1인까지 끝까지 싸울 것이다. 이 악마 같은 놈아."

야비는 그 전사도 도끼로 머리를 쳐서 죽여 버렸다.

그리고 마지막 전사 하나가 남았다.

"네가 너희 부족의 위치를 말하면 너를 우리 부족의 장군으로 삼을 것이며 만일 거절한다면 너도 너희 동료처럼 돌도끼로 머리가 깨져 죽일 것이다."

그러자 세 번째 전사 카오는 생각했다. 자신이 부족의 위치를 알려주면 자기 부모와 형제가 다 죽는다는 것을 느꼈다. 세 번째 전사는 벌떡 일어나 옆에 있는 야비 전사의 돌칼을 빼앗아 그 전사를 찌르고 다시 야비에게 달려들었으나 야비의 돌도끼가 먼저 그의 머리를 쳤다.

"지독한 놈들 이놈들 시신을 모두 늑대 밥으로 주거라."

다음날 야비는 부족 전략 회의를 열었다.

"2천 명 가까이나 되는 인원이 숲을 지나갔으면 숲에 큰 흔적들이 생겼을 것이니 내일부터는 팀을 나누어 숲에 발자국을 찾는 일을 주력하시오."

다음날부터 야비 부족의 전사들은 땅에다 눈을 대고 발자국 흔적을 찾는 데 최선을 다하였다.

그로부터 일주일 후 시력이 좋은 오크가 쿤사족 마을에서 1km 쯤에 있는 칼빈산 쪽으로 길이 난 수많은 발자국과 부상자를 데리고 갈 때 흘렸던 핏자국을 찾는 데 성공하였다.

"야비 족장님, 쿤사족 마을에서 1km 쯤 떨어진 곳에 높은 산이 있고, 그 산 쪽으로 무수한 발자국이 나 있었습니다."

"그래, 역시 넌 내 사위다. 오크! 그 산은 높고 험난하기로 소문난 칼빈산이다. 그 산으로 도망갔구나."

"너는 지금 즉시 날쌘 정찰대 10명을 이끌고 발자국을 따라가서 놈들 위치와 동태10)를 파악하고 와라, 그 병력으로 절대 교전은 하지 마라."

"네, 알겠습니다."

오크는 발 빠른 정찰대 10명을 선발하여 가파른 칼빈산을 빠르게 올라갔다. 2천 명이 산을 타고 갔고 다행히 수풀이 여름처럼 무성하지 않아 발자국이 또렷하게 보전되어 있었다. 오크는 자신들이 돌아올 것과 또 출정할 때를 대비하여 나뭇가지를 부러트려 위치를 표시하면서 앞으로 나아갔다.

1시간쯤 가니 계곡이 있었고 산의 정상에서 쏟아지는 물줄기가 찬란한 거대한 폭포를 볼 수 있었다. 폭포를 지나서 한 2시간쯤 가니까 산 중턱쯤에 반쯤 돌로 가려진 커다란 동굴이 보였다.

"맞아, 바로 저 동굴이야."

오크와 전사들은 확신하며, 모두 숲속에서 잠복하였다. 밤이 되면 이를 확인하려고 한 것이다.

해가 지고 밤이 왔다. 주위가 어두워지자, 오크 일행은 행동 개시를 하였다. 동굴 양쪽에 땅굴을 여러 개 파서 쿤사 전사들이 경계근무를 서고 있는 게 보였다. 그리고 동굴 안에는 희미한 불빛이 보였다. 용케 불씨를 살려간 것이었다.

그리고 산 정상 쪽으로 연기가 모락모락 피어오르는 것을 보았고 그

---

10) 동태(動態) : 움직이거나 변하는 상태.

연기는 동굴에서 불을 지필 때 발생하는 연기 환기구라는 것을 알 수가 있었다.

조금 후 몇 명의 무리가 동굴 밖으로 나와 경계근무를 교대하는 것을 볼 수 있었다. 틀림없이 쿤사 부족의 은신처였다.

쿤사 부족의 동태를 살피고 산에서 내려간 오크는 야비의 움막으로 와서 급히 보고하였다.

"족장님, 쿤사 부족의 은신처를 드디어 찾았습니다. 칼빈산 중턱을 지나 폭포가 있고 그 폭포의 물줄기를 타고 2시간 가량 가면 환기구가 산 정상을 향하여 설치된 쿤사의 커다란 동굴이 있습니다. 그리고 제가 가는 길을 나뭇가지를 꺾어서 확실하게 표시하여 놓았습니다."

"수고했다. 나의 사위, 내일 오전 출전 간부 회의를 소집한다."

다음날 간부 회의가 소집되었다.

"쿤사 놈들이 산 위에 있으니 동굴 50m 쯤에서부터 화공으로 공격하자. 그리고 젖은 장작과 젖은 풀에 불을 붙여 동굴 입구에 던져라. 필시 그놈들이 산 정상으로 연결된 환기구로 나올 것이다."

그날은 야비 간부들의 치밀한 전략 회의로 하루가 갔다. 다음날 전 병력 출정 명령이 떨어졌다.

산 중턱의 동굴 밑에 도착한 야비의 병력 4천 명은 동굴을 2중 삼중으로 에워싸고 동굴을 지키는 50여 명의 보초병들을 순식간에 모두 돌화살과 창을 던져 해치웠다.

그리고 동굴 밑 50m 지점 풀숲에 불을 질러 계획한 화공을 하였다. 불은 낮은 곳에서 높은 곳으로 번진다는 것을 안 것이다. 그리고 동굴 입구에 불붙은 젖은 나무를 마구 던졌다.

동굴 안에는 조그마한 환기구가 하나 있는데 통풍이 안 되었다. 갑자기 워낙 많은 연기가 들어와 사람이 숨을 쉴 수가 없었다. 더 이상 못 참고 돌을 치우고 동굴 밖으로 나오는 쿤사의 전사들에게는 야비의 전사가 기다렸다는 듯이 화살을 마구 쏘았고, 쿤사 전사들은 맥없이 쓰러졌다.

동굴은 야비 전사들에 의하여 철저하게 고립되었다. 동굴 안에 있는 야비의 화공으로 산채로 훈제11)가 될 정도로 힘들었고 어린아이들은 질식하였다.

쿤사는 즉시 명령하였다.

"동굴 입구를 돌로 연기가 못 들어오게 완전하게 차단하라. 그리고 동굴 위쪽에 환풍구를 넓혀 연기를 배출하라."

전사들이 우르르 모여 동굴 입구를 돌로 높이 쌓아 막았다. 그러나 돌

---

11) 소금에 절인 고기를 연기에 그을려 말림. 또는 그 식품.

틈 사이로 계속하여 연기가 유입되었다.

쿤사 전사는 동굴 천장 쪽의 빛이 들어오는 환풍구에 높게 돌을 쌓고 올라가 돌도끼로 까내어 환풍구 크기를 넓혔다. 아까보다 환기가 잘되어 숨쉬기가 편했다. 족장 쿤사는 마지막 결정을 한다.

'여기서 굶어 죽느냐 아니면 싸우느냐?'

결국 환기구 쪽으로 전사를 이끌고 탈출하여 일전을 벌이기로 했다. 환기구를 통하여 탈출하고 보니 이곳은 산의 정상과 가까웠다.

야비 부족은 쿤사가 환풍구 쪽으로 빠져나갈 것을 미리 알고 있었다. 야비는 쿤사가 정상에서 보면 병력이 없는 허술한 곳을 만들어 놓고 근처 풀숲에 오크가 대규모 병력을 가지고 숲에 숨어 대기하도록 하였다.

쿤사 입장에서는 경계가 약한 부분을 뚫고 도주로를 확보하여 동굴 안에 갇혀 있는 남은 부족들을 야비의 손아귀에서 벗어나게 하려는 수가 최선이었다.

쿤사는 동굴 안에 있는 부족원들도 모두 바깥으로 나오라고 하고, 취약한 부분을 치고 나갔다. 취약한 부분에는 병력이 100명도 안 되어, 이제 탈출의 문이 눈앞에 펼쳐졌다.

산 밑을 향하여 전 부족이 열심히 내려가는데, 갑자기 오른쪽 풀숲에서 '와~와~' 하며 함성을 지르고 숨어있던 야비 전사가 일제히 튀어나와 쿤사 전사들에게 화살을 마구 쏟아부었다. 쿤사 전사도 즉시 화살을 같이 쏘고 대응하였으나 수적으로 열세였고, 조금 후 야비의 모든 전사들이 순식간에 이곳으로 집결하고 말았다.

쿤사는 상황을 파악하고 순간적으로 외쳤다.

"함정이다. 노약자와 어린이를 다시 동굴로 대피시켜라."

곧 야비가 도착하였다.

"쿤사 이놈, 투항하면 목숨은 살려주겠다."

"천하에 때려죽일 놈, 죄 없는 우리 부족을 왜 침략했느냐. 우리 영토를 침범한 여인들도 풀어주었건만 무슨 감정으로 이따위 살육전을 벌이는 게냐?"

"쿤사 이놈아. 두 여인을 풀어주었다는 건 금시초문12)이고 주둥이 닥치고 죽을 준비나 해라. 너희는 내 눈엣가시였다. 전군 공격하라."

야비 전사 4,000명과 쿤사 전사 1,000명의 혈투가 시작되었다. 순식간에 500명이 넘는 쿤사네 전사가 채 1시간도 안 되어 돌화살과 돌창에 전사하였다.

이 전투에서 쿤사의 아들 쿤타가 오크의 화살을 맞고 장렬하게 사망하였다. 마지막 남은 500명의 군사는 야비의 항복 권유에도 굴하지 않고 최후의 진격을 하였다. 이미 쿤사는 자신을 잃고 삶에 대한 미련이 더 이상 남아 있지 않았던 것이다.

---

12) 금시초문(今始初聞) : 이제야 비로소 처음으로 들음.

'모두 죽자' 하고 진격했지만, '쪽수 불변의 법칙', '신발명 승리의 법칙'에 의하여 쿤사는 온몸에 돌창과 화살을 맞고 생을 마감하였고, 오크에 의하여 목이 잘리고 만다.

나머지 전사들은 족장 쿤사의 목을 잘라 높이 들고 있는 오크에게 기가 꺾여 모두 항복하고 무기를 버렸다.

그리고 동굴 안에 천 명의 여자와 어린아이 노약자는 모두 포로가 되었고 수 세기를 평화롭게 살았던 쿤사 부족은 그렇게 멸망하게 되었다.

이번 전투에서 쿤사 부족은 전사가 무려 700명이 사망하였지만, 야비 부족의 사망자는 200명도 채 안 되었고 1,300명의 노예를 얻은 대승리였다.

야비는 남아 있는 쿤사족들의 손을 굴비 엮듯이 묶어 불탄 쿤사족의 마을로 돌아왔다.

1,300명의 포로를 공터에 쭉 나열하였는데 모두 부들부들 떨었다.

쿤사는 포로들의 분류 작업에 들어갔다.

"너희들은 이제부터 우리 야비족의 노예이고 부족이다. 여기에 불응하는 놈들은 옆으로 나와라."

아무도 안 나왔다.

"10세 이하 남자, 여자 어린이 이쪽으로 줄을 서라."

"그리고 20대~30대 남자들 이쪽으로 서라."

"그 옆에 20대~30대 여자들 줄을 서라."

그리고 40대~50대 남자와 여자를 줄을 세웠다. 마지막으로 65세 이상의 남녀 노인들을 따로 줄을 세웠다. 100명이 넘었다. 그리고 명령을 내린다.

"65세 넘은 남녀 노인들 100명은 전혀 쓸모없고 식량만 축낸다. 모조리 참살하라."

그들은 부족의 아버지이고 어머니였는데 쿤사 부족들이 보는 앞에서 돌칼과 창으로 무참하게 100명이 모두 죽게 되었다. 이 광경을 본 쿤사 부족원들은 경악을 금치 못하고 눈물을 흘리며 사시나무 떨듯이 떨고 있었다. 이처럼 야비는 극도의 잔인함을 보였다.

야비는 쿤사의 부족에서 10대 말~20대 중반의 인물이 빼어난 여성들만 따로 분류하였다.

"이들은 나의 궁녀로 삼을 것이니, 행여 누구든 건들면 목이 잘릴 것이다. 다른 여자들은 우리 전사들이 모두 취하여도 좋다."

야비는 특히 여성 소유욕과 재물욕이 심한 부족장이었다.

다음날 전사한 야비 부족 전사들의 장례식을 치르고 모두 돌무덤에 묻어주었고 쿤사 부족의 사망자는 들판에 버렸다.

그리고 포로를 데리고 의기양양 자신의 부족으로 향했다. 이 전쟁으로 야비의 부족은 1만 1천 명으로, 부족원이 10%나 숫자가 증가하게 되었다. 쿤사 부족의 전멸은 예견된 전투였다. 칼빈 동굴 대피 시 핏자국, 발자국과 같은 흔적을 남겼고 화공에 대한 대응 부재와 신속하게 퇴각이 어려운 동굴 구조가 실패의 원인이었다.

4. 폴의 좌절과 방황

> 어릴 때부터 매일같이 보며 사랑을 키웠던 소중한 리나가 믿었던 친구 오크로부터 고초를 겪고 있을 것을 생각하면, 폴은 미칠 지경이었다.

한편 자신의 장인 사망과 장모의 중상, 약혼녀의 납치와 둘도 없는 친구라 여겼던 오크의 엄청난 배신으로 폴은 수일을 이를 갈고 하늘을 향하여 고함을 지르며 술 없이는 잠 못 이루고 방황하며 괴로워하였다.

폴은 그간 익혀둔 기술이 있어 강가에서 새로운 부싯돌을 구해와 불을 피우는 데는 문제가 전혀 없었다.

며칠 후 악명 높은 야비 부족으로 오크가 자신의 약혼녀를 데리고 도망갔다는 소문과 불 장작을 1/3 가격으로 싸게 판다는 소문을 이웃 부족에게서 듣게 되었다.

폴은 당장 출동하자고 아버지 칸에게 간청했으나 칸의 부족은 여자와 어린아이를 빼면 싸울 수 있는 사람은 불과 200명 남짓이었고 전투 부족도 전혀 없는 상황이었다.

그에 반해 야비네 부족은 전투에 능한 호전적인 전사가 5천 명이 넘었고, 싸움으로 단련되고 용맹한 부족이라 싸워서 이길 승산이 전혀 없었다.

그런데도 폴은 족장인 아버지에게 매일같이 졸랐다.

"아버지 별동대 전사 30명만 주시면 야비 부족 근처에 매복하였다가 그들이 자면 오크를 체포하고 리나를 반드시 구해 오도록 하겠습니다."

그러자 아버지는 폴의 성화에 못 이겨 부족 원로 회의의 뜻을 따르자고 하고 즉시 회의를 시작하였다. 부족 원로 회의를 거친 결과 아쉽게도 별동대 출전이 만장일치로 무산되었다.

"폴, 30명으로는 달걀로 바위치기이다. 하나뿐인 아들인 너를 잃고 싶지 않구나. 소문에 의하면 배신자 오크가 야비의 사위와 부족장이 되었다고 한다. 그리고 우리의 기습에 대비하여 망루13) 보초와 보초병을 대폭

---

13) 방어 · 감시 · 조망[眺望]을 위하여 잘 보이도록 높은 장소에 또는 건물을 높게 하고

늘렸다는구나. 좀 더 힘을 길러 출전하자."

하고 복수를 갈망하는 폴을 달랬다.

"아버지, 도대체 어떻게 힘을 기르자는 겁니까? 힘을 기른다고 길러집니까? 뭐가 달라지는데요? 답은 하나예요. 그들과 전면전으로는 상대가 안 되니 별동대를 조직하여 게릴라전으로 야밤에 기습하면 승산이 있어요. 제발 허락해주세요. 제발요."

"폴, 안 된다. 결코, 허락할 수 없다."

폴은 절치부심[切齒腐心]14) 매일같이 슬픔과 시름에 빠져 리나를 그리며, 그녀를 납치한 오크를 원망하며 밤낮 술만 마시고 있었다.

사방에 벽을 설치하지 않은 건물 또는 그와 같은 장소.
14) 몹시 분하여 이를 갈며 속을 썩인다.

5. 리나를 위한 특공대

> 폴의 특공대 출전은 잘못된 선택이었다. 첩자를 시켜서 움막의 나열 상태는 어떤지, 리나와 오크가 어느 움막에 있는지, 보초병은 몇 명이나 있는지를 사전 조사했어야 했다. 정보 없이 무작정 나서서 아까운 전사 5명의 희생을 키운 것이다.

어느 날, 폴의 움막에 리나 오빠 리반을 비롯해 친한 선후배 열 명이 찾아왔다.

그리고 리나 구출에 대해 정당성을 인정하고 서로 진지하게 토의하였다.

모두 동의 후, 오크 체포에 대해 회의를 진행하였다. 회의 결과는 별동대 쪽으로 기울기 시작하였으나, 선뜻 적극적으로 나서는 사람은 폴과 리나의 오빠 리반밖에 없었다.

폴은 모레 새벽에 야비 부족에 가서 오크를 체포하고 리나를 구해 오자고 부족원들을 설득하였다.

2살 형인, 부족원 수아와 라쿤은 이구동성으로 말했다.

"폴, 이 일을 칸 족장님이 아시면, 큰일 나."

"형들, 그럼, 리나가 살아 있는지 그냥 염탐만 할 수 있게 도와줘요. 조용히 염탐만 하고 와요."

폴은 울면서 애원하였다.

"형들, 나는 지금 도저히 살 수가 없고 사는 게 사는 게 아니야, 이러다 나 자살할지도 몰라. 아무리 잊으려 해도 리나를 잊을 수 없어. 살려줘!"

아버지가 살해당하고 동생을 납치당한 리반도 애절하게 같이 주장하여. 그렇게 그 자리에서 10명의 별동대를 조직하게 되었고, 이틀 후 새벽에 일을 도모하기로 했다.

이틀 후 폴은 어느 정도 몸이 회복된 리나 어머니 루틴에게 리나가 잘 있는지 염탐만 하러 간다고 전하고, 족장에게 '걱정하지 말라'는 말을 전달해 달라고 부탁하였다.

특공대 10명은 어머니 루틴의 만류에도 불구하고 동이 트기 전에 돌칼과 활, 돌창으로 무장하고 바삐 야비 부족을 향하여 길을 나섰다.

야비 부족에게 물건을 팔러 자주 갔던 옆 부족 투카에게 가서, 야비족의 위치를 자세히 물었다.

동쪽으로 2시간 밀림을 따라가고 강을 따라 2시간 가면 큰 폭포가 나온다고 했고 폭포 정상에서 보면 커다란 초원이 보이고, 그 밑에 야비 부족이 산다고 했다.

그들은 정보대로 동쪽으로 2시간 빠르게 밀림을 지나갔더니 정말 커다란 강이 나왔다.

그 강을 따라 2시간 정도 가니까 태어나서 처음 보는 웅장한 폭포가 나왔다. 물보라를 일으키고 굉음을 울리면서 폭포가 흘러 떨어지는 모습은 너무도 신비하여 모두 발길을 멈추고 멍하니 쳐다보았다.

폭포 정상에 올라 아래를 보니 협곡 사이로 널따란 초원이 펼쳐지는 게 보였다. 옆 부족 투카가 말한 그 초원이었고, 그 밑에 야비 부족이 있는 게 확실해 보였다.

폴은 갑자기 가슴이 마구 뛰었다. 얼마 있으면 그리운 리나를 만날 수 있다는 것이 믿기지 않았고 꿈만 같았다.

폴 일행은 숲에서 해가 떨어지기를 기다리며 풀숲에 숨어서 준비해온 식사를 하고 체력을 보강하고 있었다.

어느덧 해가 졌다. 폴 일행은 그들이 깊은 잠을 자는 시간 새벽 2시쯤 행동 개시를 하였다. 협곡을 지나자 하이방이란 벌판이 눈앞에 나타났고 멀리서 야비 부족의 불빛이 보였다.

그리고 마을 입구에는 감시초소인 좌우 커다란 망루 2개와 사방으로 4개의 작은 망루가 보였다. 망루에는 어림잡아도 20명 이상의 보초병이 보였고 경비가 예상했던 것보다 훨씬 삼엄했다.

조심히 몸을 숙여 망루 옆을 지나서 야비족의 마을에 들어왔다.

여기저기 헤아릴 수 없는 대규모의 가죽 움막과 모닥불이 이곳저곳에서 맹렬히 불타고 있었고 수십 명의 보초가 모닥불 근처에서 근무를 서고 있었다.

가운데 대형 움막 하나가 딱 버티고 있는데 그 주변을 철통같이 에워싸고 근무를 서는 보초병을 발견할 수 있었다.

"가운데 큰 천막은 야비 족장의 천막일 거야."

폴이 말하자, 모두 그런 것 같다고 조심하자고 했다.

그리고 나머지 움막은 모두 비슷하여, 시간은 가는데 어디가 리나의 움막인 줄 도무지 알 수가 없어서 너무도 난감하였다.

바로 그때, 마침 보초 한 명이 소변을 보러 바지춤을 잡고 폴의 전사가 은폐한 위치 앞으로 다가왔다.

오크는 즉시 뒤로 가서 보초의 목을 감고 돌칼을 목에 대고, 리나와 오크의 위치를 말하라고 하자. 그 전사는 손짓으로 가운데 보초 2명이 지키고 있는 움막 하나를 지시하였다.

그 움막에는 경비 전사가 보초를 서고 있으니 틀림없이 리나가 잡혀있는 움막이라는 확신이 들었다.

폴은 보초를 돌칼 등으로 머리를 쳐서 기절시키고 조심스럽게 움막 뒤로 가서 경비 전사 2명을 또, 소리 없이 처리하였다. 그리고 움막을 제치고 폴과 리반이 먼저 들어왔다. '아뿔싸', 그곳은 하필이면 야비의 여자들 20여 명이 기거하는 움막이었다. 갑자기 진입한 오크 무리를 보고 여자들이 모두 기겁하며 비명을 질렀다.

"침입자다. 사람 살려."

여자들의 비명과 고함에 야비와 오크가 깨어나고 바로 침입 비상 뿔나팔이 울렸다.

여기저기 대규모의 전사들이 돌창을 들고 폴의 움막 쪽으로 순식간에 몰려왔다.

6. 리나 오빠의 장렬한 최후

> 리반은 폴의 가장 친한 동생이자 리나의 오빠였다. 리반은 폴을 신뢰했고 좋아했다. 야비의 돌화살이 날아왔을 때도 형을 살리고자 과감하게 목숨을 던졌다. 리반의 가족은 이 소설에서 가장 큰 피해자이다. 칸 족장의 친구인 아버지는 돌도끼에 맞아 돌아가시고 리나는 납치가 됐으며, 어머니 또한 리반의 사망 소식을 듣고 충격으로 돌아가셨다. 리나는 모든 가족이 죽고 혈혈단신[15] 고아가 되었다.

"우리, 실패야, 발각됐어, 큰일이야. 형들 어서 모두 피해야 해."

폴은 전속력으로 자신이 왔던 하이방 쪽으로 달아났는데, 이미 망루 쪽에 보초병들이 나팔 소리를 듣고 폴과 전사들에게 수십 발의 돌화살을 연신 퍼부었다.

먼저 앞서가던 수아형과 라쿤형이 여러 발의 화살을 온몸에 맞고 그 자리에서 사망하였다.

그리고 뒤쫓아 온 오크는 보초병들과 교전하고 있는 폴을 향해 전사들에게 명하였다.

"폴, 역시 네놈이구나. 언젠가 네놈이 올 줄 알았다? 이놈, 게 섰거

---

15) 의지할 데 없이 외로운 홀몸.

라!"

"저놈을 집중적으로 공격해라!"

곧바로 수십 발의 돌화살이 발사되었다.

"폴형, 피해~"

바로 그때, 리나 오빠 리반이 번개처럼 몸을 날려 폴을 밀치며 폴에게 날아오는 화살을 대신 몸으로 막았다.

순간, '퍽퍽퍽' 하며 5발의 돌화살이 리반의 가슴과 복부에 정통으로 박혔다.

"안돼~ 리반"

폴은 쓰러진 리반을 부둥켜안고 울었다.

리반은 입과 코로 피를 흘리며,

"폴형, 빨리 도망가, 어서. 그리고 형을 친형처럼 좋아했어. 반드시 꼭 살아서 리나를 구해줘~"

라는 말을 남기고, 다 죽어가는 상황에서도 화살 2개를 한꺼번에 활에 걸어 마지막 온 힘을 다하여 오크 전사들에게 쏘고 폴의 뒤를 쫓아오는 오크의 발을 붙잡고 못 가게 버티다, 오크의 돌도끼에 머리를 맞고 그렇게 절명을 하였다.

동료의 시신 수습도 못 하고 폴을 비롯한 나머지 7명은 야비 전사들과 죽을 힘을 다해 교전하였다. 오크의 포위망을 뚫고 후퇴 중에 우사인과 리모란 2명의 폴의 전사가 또, 오크 전사들에게 교전 도중 죽게 되었다.

자신의 잘못으로 형제같이 지내던 5명의 부족을 잃고, 피눈물을 흘리며 밤을 새워 부족으로 돌아가게 되었다.

한편 폴의 출정 소식을 리나 어머니에 전해 받은 칸은 '사지로 갔다.' 라며 크게 노발대발하며 부족에 비상대기를 명하며 어쩔 줄을 몰라 했다.

칸과 리반 어머니, 출정한 전사의 어머니들은 마을의 재단 앞에서 밤새워 아들의 무사 귀환을 빌었다.

한편, 야비는 칸 부족의 전사, 리나 오빠를 포함한 시신 5구와 자신의 전사 시신 10구를 보며 분통을 터트렸다.

"오크야, 이놈들 장신구가 칸 부족의 표시나 장신구와 같은데, 어떻게 생각하느냐?"

"맞습니다. 족장님, 이놈들은 확실한 칸의 부족입니다. 이놈이 제가 잡아 온 여자 리나의 오빠 리반이란 놈입니다."

"겁대가리 없는 놈들, 이놈들 목을 잘라 망루 옆의 창에다 끼워라. 그리고 즉시 출정을 위한 원로 회의를 개최하라."

7. 야비 부족의 원정과 악마 오크

> 오크는 리나에게 너무 잔인했다. 자신이 거대 야비 부족의 대권주자가 되었는데도 이를 인정하거나 거들떠보지도 않고 날마다 폴만 생각하니 사랑이 증오로 바뀌어 온갖 잔인한 일을 서슴지 않고 했다. 그러나 아내 비계에게서 만큼은 리나를 철저히 보호하려고 했다.

한편 야비네 원로 회의 결과 출정 인원 3천 명의 대규모 전사가 출전하기로 했다.

그리고 남자들과 노인들은 모조리 죽이고 어린아이들과 여자들은 노예로 삼게 모두 데려오라는 결론을 맺었다. 출전 대장은 그곳 지리와 특징을 잘 아는 오크를 총대장으로 하였고 일주일 후 출전 날짜를 잡았다.

다음날 오크는 리나의 움막으로 와서 재미있는 것을 보여줄 것이 있다고 리나를 데리고 망루 쪽으로 갔다.

망루 옆에는 5명의 목이 처참하게 돌창에 끼워져 있었다. 리나는 처참하게 잘린 목들을 보고 그 자리에서 얼어붙었다.

자신을 구하러 칸 부족이 와서 실패했다는 소문은 익히 들은 터였다. 돌창에 꽂힌 머리는 모두가 형제같이 지내는 부족원들로, 첫 번째 수아

오빠와 두 번째 라쿤, 세 번째 우사인, 네 번째 니모 오빠들이었고 마지막 다섯 번째 머리는 가죽으로 얼굴이 가려져 있었다.

오크는 큰 자랑이라도 하듯이 미소를 지으며,
"마지막 다섯 번째 목을 보여주면, 아마 놀랄 걸, 리나, 이들은 겁 신경이 마비된 채로 쳐들어왔다가 모두 몰살당했단다. 다섯 번째 머리가 과연 누군지 궁금하지 않니? 리나."

온몸을 부들부들 떨고 있는 리나에게 오크는 비웃듯이 말하였다. 순간 리나는 직감했다. 자신을 구하러 온 폴 오빠나 리반 오빠일 것이란 확신이 섰다.

"오크, 이 악마~, 사탄~, 너와 20년간이나 동고동락했던 가족 같은 형들을 죽이고 이러고도 네가 사람이냐? 이 쳐 죽일 악마야~"

리나는 절규하며 대성통곡을 하였다.

리나가 비틀비틀 움막으로 가려고 돌아서 가는데 오크가 리나의 발밑으로 다섯 번째 머리인 리반의 머리를 창에서 빼내어 냅다 리나 앞으로 던졌다. 이 광경을 안 보려야 안 볼 수가 없었다.

그 머리는 리나의 예상대로 리나의 오빠 리반이었다. 리나는 만신창이가 된 오빠의 머리를 보고 그 충격으로 바로 그 자리에서 기절해버리고 한동안 고열에 시달리며 병색이 짙어졌다.

8. 칸 부족의 피신과 루틴의 사망

폴이 리반을 포함한 5명의 전사를 잃고 그 시신도 못 찾은 채로 부족으로 돌아왔을 때 칸족장은 화가 머리끝까지 났다. '가지 말라고'. 그렇게 말했는데 무단으로 출전하여 이렇게 사단이 난 것이다. 폴이 침투하여 야비 부족 전사 10여 명이 죽었으니, 이를 간과 할 야비가 아니란 것을 칸은 알았다. 이를 빌미로 우리 부족을 쳐들어올 것이란 확신이 들었고, 자칫 시간을 끌면 전 부족이 몰살 위기에 빠질 것이란 것을 직감했다. 사실 폴이 특공대를 조직하여 출전했을 때부터 칸은 알고 있었다. 폴이 리나를 구해 온다고 해도 야비 부족은 절대로 좌시하지 않을 것이란 것을 알고, 그때부터 마을 이전 준비를 꾸준하게 해왔던 것이다. 지금 사는 마을로부터 20km 떨어진 곳에, 외부로부터 눈에 안 띄는 동굴 입구가 있는 요새를 발견하고 이전 준비를 해왔던 것이다.

한편 5명의 부족을 잃고 부족으로 돌아온 폴에게 화가 머리 꼭대기까지 난 칸은 도착하자마자 주범인 폴을 큰 몽둥이로 30여 대의 태형*을 가하였다.

"내가 가지 말라고, 그렇게 말하지 않았느냐? 폴, 너의 경거망동으로 5명의 아까운 칸 전사가 사망하였다."

하고 비통해하였고,

"이들 가족은 어떻게 할 거냐? "
하며 폴과 일행 5명을 즉시 동굴감방에 가두었다.

한편 리반의 사망 소식을 들은 리나의 어머니 루틴은 남편과 딸에 이어 하나밖에 없는 효성이 지극한 아들까지 사망했다는 소식에 충격을 받고 그 자리에서 실신하였고, 그렇게 영영 깨어나지 못하고 세상을 떠났다.

그리고 부족 원로 회의가 열렸다. 이미 사태를 파악하고 조금씩 이사 준비를 해온 칸은 이사의 조급성을 알렸다. 곧 야비의 대군이 조만간 쳐들어올 거니 부족의 전멸을 면하려면 빨리 부족을 다른 장소로 옮겨야 한다고 주장하였다.

만장일치로 마을 이전을 결정하고 서둘러 이사 준비를 하였다. 그간 대대로 살아온 부족의 마을을 버리고 야비 전사들이 찾지 못할, 먼 곳의 강가 너머로 이사를 하게 된 것이다.

칸 부족이 이사하고 정확히 이틀 후였다. 오크는 눈에 붙을 켜고 3천 명의 대군을 이끌고 칸의 마을로 쳐들어왔다.

하지만, 이를 간파한 칸의 이사로 허탕을 치고 말았다.

"폴 이놈들, 눈치를 채고 다 도망갔구나. 어디 두고 보자."

오크는 주변을 3일 동안이나 이 잡듯 샅샅이 수색하였지만, 암석으로 둘러싸인 동굴 출입구가 있는 칸 부족의 마을을 찾을 수가 없어서 정찰병 몇 명만을 남기고 철수하였다.

칸 부족은 새로 정착한 강가 마을이 낯설었지만, 그런대로 살만하였다. 뒤에는 산이 있고 1km만 가면 강이 흐르고 강에는 물고기도 많고 강가에 돌도 많았다.

감옥에서 풀려난 폴은 늘 반성하며 출전했던 전사들과 함께 벌을 대신해 산에 힘든 동굴을 파며 일상생활에 복귀하였다.

태형*

중국의 《대명률[大明律]》에서 비롯된 옛 5형[五刑] 가운데 하나. 작은 곤장으로 볼기를 치며 5형 가운데 가장 가벼운 형벌로 편형[鞭刑]이라고도 한다. 죄의 경중에 따라 10대·20대·30대·40대·50대까지 5등급으로 나누어 집행하였다. 언제 도입되었는지는 확실하지 않으나 삼국시대에 중국의 율령제도[律令制度]를 들여온 이후로 추측되며, 《고려사》 형법지에는 태형이 법제화되어 있다. 형구[刑具]는 작은 가시나무 가지로 만드는데, 옹이나 눈은 반드시 깎아내고 상부 관서에서 내린 교판[較板]에 맞게 만들어 소두[少頭] 쪽으로 볼기를 쳤다.

제4장

청동의 발견과 발명

청동의 발견으로 사람들은 이전보다 더 단단하고 내구성이 강한 금속 인공물을 만들 수 있었다. 청동 도구, 칼, 갑옷, 식기 등은 석제 제품보다 더 단단하고 내구성이 있었다. 청동은 처음에는 구리와 비소로 만들어졌으며 구리와 비소 광석이 자연적으로 또는 인공적으로 혼합되었다.

최초의 청동은 기원전 5,000년경 세르비아의 플로니크[Plonik]에 있는 유적지에서 발견되었다. 기원전 4,000년경에는 서아시아나 이집트에서는 석기를 대신해서 구리 검이 만들어지게 되었다.

기원전 3,000년경, 구리에 주석을 섞은 청동으로 단단한 칼이 만들어졌다.

로마 시대에 이르자, 쇠를 단단하고 튼튼하게 하는 연금술이 발달했고, 서양에서는 쇠사슬로 만든 갑옷을 입고 있었으므로 자르기보다는 찌르는 칼이 더 발달하였다.

청동의 녹는점은 약 950℃이다.

흔히 청동기시대의 청동기를 구리+주석의 합금으로 말하는 경우가 많지만, 실제로는 불순한 구리 합금들도 대량 사용되었다. 구리는 흔한 편이지만 주석은 귀하기 때문에, 구리와 주석이 합금 된 형태로 대량 생산된 지역은 드물었다.

제련 과정에서 광석에 포함된 불순물 금속들이 배합 조절되는 경우도 많았다. 예를 들어 한반도만 해도 주석이 거의 산출되지 않았다. 한국의 청동기시대는, 구리는 국내 광산에서 채광하더라도 주석은 외부에서 수입할 수밖에 없는 상황이었다. 한반도 주변에서는 중국 북쪽 내몽골 지역과 양쯔강 이남 지역에 주석 광산이 발달해 있었다. 고대 한반도 국가는 이런 곳에서 주석을 수입했을 것으로 추정되고 있다.

청동기의 또 다른 장점은 땅 깊숙이 매장되어 있거나 반응성이 높아 산화철 등의 화합물의 형태로 존재하는 철광석과는 달리, 구리와 주석은 순수한 결정의 형태로 원석이 채굴되는 경우가 있어서 좀 더 찾아내기가 쉬웠다.

1. 돌판에서 동이 나온다고?

어느 날 이상한 현상이 일어났다.

그날도 아침 음식을 하려고 돌판에 음식을 굽는데, 몇 달간 잘 사용하던 돌판이 갑자기 폭삭 깨져버린 것이다.

폴은 당장 음식 섭취를 위하여 부족원 30명과 강가로 가서 또 다른 돌판을 찾기 시작하였다. 새로 이주한 집의 강가에는 지질이 틀려서인지 유독 황톳빛의 무늬가 함유된 돌들이 특히 많았다.

얼마 후 울긋불긋 무늬가 새겨진 제법 커다란 돌판을 발견하여, 여러 사람이 힘을 합쳐 이를 부족으로 옮겨와 전처럼 이를 매끈하게 다듬고, 돌판 화로 위에 올려놓고 또다시 불을 지펴 고기와 채소 등을 구워 식사 준비를 하였다.

그런데 식사를 마칠 때쯤 이상한 현상이 돌판에서 일어났다.

불에 달구어진 돌판에서 황톳빛 액체가 줄줄 나오기 시작한 것이다. 그리고 이 액체는 땅으로 떨어져 즉시 굳어 버렸다. 폴은 그물질을 손으로 주웠는데 엄청 뜨거워서 비명을 질렀다.

얼마 후 그 물질이 식은 후 폴은 자세하고

세밀하게 살펴보았다. 무게는 돌보다 가벼운 물질인데 이 물질은 돌로 아무리 쳐도 돌만 깨지는, 처음 본 단단한 물질이었다.

이 물질은 바로 구리[동]였고, 돌판에 함유되었던 구리가 돌판의 가열로 우연히 녹아 나온 것이었다.

폴은 수 일에 걸쳐 녹아 나온 동을 돌에 갈아 장검과 단검 두 개의 칼 형태로 만들고 두들겨, 숫돌에 장시간 갈아 날을 서게 하였다. 그리고 나무로 손잡이를 끼웠다.

이 칼은 돌칼과는 비교가 안 될 만큼 강도가 강하고 날카로워 잠시 스치기만 했는데도 손이 베었고 매우 가벼웠다.

'맞아 바로 이거야.'

폴은 아버지에게 동으로 만든 동검의 강한 위력을 테스트해 보였다.

"아버지, 우리 부족의 생사가 걸린 일이에요. 오크가 대군을 이끌고 우리를 찾아다닌다는 정보가 들어왔어요. 우리가 오크를 이기려면 신무기가 필요해요."

"아버지, 저를 절대 봐주지 말고, 돌칼로 한번 쳐보세요. 제가 만든 이 검으로 저는 아버지의 돌칼을 막을 거예요."

아버지 칸은 영문도 모른 채, 폴이 시키는 대로 폴을 향하여 돌칼을 내리쳤는데, 이상한 일이 발생하였다. 아버지의 돌칼이 폴의 동검과 부딪히는 순간, 무 잘리듯이 '댕강' 두 동강이 나고 만 것이다.

칸은 깜짝 놀라며,

"정말 대단한 무기를 발명했구나! 폴, 최고다~ 자랑스럽다~ 내 아들."

"아버지, 바로 이거예요. 이 물질로 무기를 만든다면 야비족 5천 명, 아니 10만 명도 전혀 두렵지 않을 거예요. 백전백승일 거예요."

족장 칸도 신물질로 만든 청동 무기의 강력함을 즉시 인지하고 자식의 말을 따랐다.

"아버지 부탁이 있어요. 전 부족 동원령을 내려주세요. 지금 즉시요."

칸은 폴의 말에 따라 뿔 나팔로 전 부족을 광장에 모이게 하였다.

"부족원들이여, 지금 야비의 대군이 우리를 수색하고 있소, 조만간 발각되면 우리는 모두 전멸당할 것이요. 이를 대비하여 나의 훌륭한 아들 폴이 신물질의 강력한 무기를 발명하였고, 지금 시연을 하려고 하니, 모두 모여 주목해주시오."

먼저 부족에서 힘이 세고 가장 싸움을 잘하는 바이슨과 헝크, 두 명을 호명하였다.

"바이슨과 헝크, 잘 들어라! 너희들은 지금 나의 아들이고 적통 후계자인 폴과 검으로 2대 1로 대결해서 이기면 너희들을 나의 후계자로 삼겠다."

라고 하자, 부족원들은 동요했다.

무식하고 힘센 바이슨과 헝크에게 폴이 맞붙는다면 패배가 불을 보듯이 뻔하였기에 말이다.

신장도 바이슨은 2m, 헝크는 195cm가 넘었고, 몸무게도 바이슨은 150kg, 헝크는 135kg로, 키 180cm, 몸무게 70kg의 폴에게는 신체적으로 도저히 비교가 안 되었다.

뿔 나팔과 함께 2대1로 전투가 벌어졌다. 서로 눈싸움을 하다가 돌칼을 처들은 바이슨이 먼저 폴의 머리에 일격을 가하는 순간 폴은 자신의 발명품 동칼로 즉시 막았다. 그 순간 부족에서 제일 무거운 바이슨의 돌칼은 무 잘리듯이 두 동강이 나버리고, 폴은 날카로운 동검을 바이슨 목에 대었고 바이슨은 즉시 항복하였다.

어리둥절한 헝크는 돌칼을 들고 이젠 폴의 가슴을 겨냥하여 힘껏 찔렀다. 폴은 돌칼을 힘껏 내려쳐 막았다. '땡~' 하는 금속성 소리와 함께 헝크의 커다란 돌칼도, 두 동강이 나고 싸움은 신무기에 의하여 너무도 싱겁게 게임이 끝나 버렸다. 이처럼 승리는 일방적이었다.

아무리 힘이 세고 날쌔다고 해도 신무기 앞에는 힘을 못 쓰는 장난감에 불과하였다.

부족원들은 2대 1 전투를 보고 폴에게 모두 열광적으로 만세를 외쳤고, 또다시 폴은 마을에 슈퍼 히어로가 되었다.

폴은 부족원들 앞에서 외쳤다.

"부족 여러분 도와주세요. 제가 강력하고 혁신적인 신무기를 발명했습니다. 제가 발명한 신무기는 여러분이 보신 대로 1대10, 아니 1대 100 전투가 가능한 신무기입니다. 부족 여러분들이 도와주셔야 빠른 시간에 신무기를 만들 수 있고 야비 부족으로부터 우리의 생명과 안전을 지킬 수 있으며, 리나를 구하다 먼저 간 동료들의 원수를 갚고, 배신자 오크를 처단할 수 있습니다. 도와주세요."

부족원들은 폴에게 모두 충성을 맹세하고 또다시 만세를 열창하였다.

"자~, 그러면 부족원들은 제 말씀을 들으세요. 줄을 나열하겠습니다. 힘센 남성들 5줄, 여성들 5줄, 노인들 5줄, 어린이 5줄, 이렇게 줄을 세우겠습니다."

"먼저, 힘센 청년들은 무기를 만드는 무거운 돌을 대량으로 확보해주십시오. 강가로 가면 지금 돌판으로 쓰는 울긋불긋한 돌이 많이 있습니다. 이를 마을로 운반해오시면 됩니다. 여성분들은 남성들이 가져온 돌을 화덕에 올리고 불을 때서 노란 액체를 계속해서 추출하시면 됩니다."

"그리고 노인분들은 경험이 풍부하시니 완성된 무기에 나무를 부착하는 일을 하실 겁니다."

"칼은 칼 손잡이, 도끼는 도끼 손잡이, 화살은 화살 손잡이와 화살대를 부착할 준비를 하시면 됩니다."

"마지막으로 어린애들은 무기의 손잡이 나무를 숲에 가서 구하거나 일하시는 분 심부름을 하면 됩니다."

전 부족 500명이 동원된 힘으로 열흘 만에 야산만 한 동이 함유된 돌들이 모여졌고, 돌을 계속해서 불을 지피니 다량의 동이 확보되었는데, 이를 칼이나 창, 도끼 형태로 가는 데는 너무도 많은 시간이 소비되었다.

2. 세계 최초 동무기의 발명과 탄생

인류가 어떤 도구를 사용했는지를 기준으로 인류 문명사는 석기시대와 철기 시대로 나눌 수 있다. 600만 년 전 인류가 탄생해 400만 년 동안은 원숭이와 별다른 차이 없이 동물처럼 살았다.

200만 년 전부터 1만 년 전까지의 돌을 깨서 도구를 사용했던 때를 구석기시대라 한다. 이후 약 5,000년 전까지인, 돌을 갈아 사용하며 살았던 때를 신석기시대라고 한다. 이때까지는 인류에게 문명이라고 내세울 만한 게 전혀 없었다.

기원전 13세기경에 시작된 카라수크 청동기 문화 전파론, 스키타이 청동기 설, 오르도스 청동기 설, 은나라 청동기 설 등이 거론되고 있다. 그러나 이러한 견해들은 어느 것 하나 청동기 문화의 이동 경로나 유적, 유물적 증거들을 전혀 제시하지 못하고 있다.

유력한 것은 약 5,000년 전 메소포타미아 지역에서 인류가 청동기를 처음 사용하면서 문명이라고 할 만한 발전이 시작됐다고 추론한다.

이어 이집트·인더스·중국의 황하에서도 청동기시대가 열리면서, 인류는 세련된 문명의 시대를 열어갔다. 그래서 이들 지역을 인류 '4대 문명의 탄생지'라 일컫는다.

다 같이 일하고 먹고 마시던 원시사회에서, 이제는 누군가가 다른 이를 지배하는 지배 계급이 형성되기 시작했다. 이때 인류가 청동기 도구와 함께 문자[文字]를 고안해 쓰기 시작하면서, 인류문명의 발전은 점차 가속도를 낼 수 있었다.

오늘도 발명가 폴은 '동무기를 어떻게 하면 빨리 만들 수 있을까?'를 고민하고 있었는데, '발명은 대부분 발견과 우연에서 이루어진다고 했던가?' 하늘이 도우셨는지 오늘도 폴은 운 좋게도 우연한 발견을 또 보게 되었다.

가열된 돌판에서 나온 동 액체가, 불을 때던 지나란 여자가 남긴 진흙 발자국 위로, 우연히 '주르르' 흐르게 되었다. 마침 오전에 비가 와서 땅이 젖어 있었던 것이다. 지나의 발 형태의 신기한 물건이 탄생하였고, 폴은 갑자기 이를 높이 치켜들고 기뻐했다.

"맞았어! 바로 이거야. 진흙으로 칼과 도끼 화살촉 형태의 거푸집[틀][16)]을 만드는 거야."

폴은 잘 연마된 칼과 도끼, 화살촉, 방패, 도끼를 진흙에 박아 굳힌 후 이를 떼어내었다,

그리고 이 진흙을 며칠간 햇볕에 말려보기도 하였고 불에도 구워보았다. 불에 구워보니 확실히 진흙 틀의 강도가 매우 높아졌고, 여러 개를 찍어내도 균열이 없었다. 완성된 무기 거푸집에 녹아 나온 구리 액체를 부었고, 식은 후 떼어내니, 정말 훌륭한 형태의 무기가 되었다.

완성된 동칼을 돌칼과 서로 부딪혀 보았더니 부딪히는 순간 바이슨과의 대결에서처럼 돌칼은 반쪽이 되었다. 동으로 화살촉을 만들어 둘 방패에

---

16) 만들려는 물건의 모양대로 속이 비어 있는 거기에 쇠붙이를 녹여 붓게 되어 있는 틀. 끓는 구리 물을 거푸집에 붓다.

쏴보았더니, 강도가 약한 돌 방패가 즉시 산산조각이 났다. 대박이었다. 폴은 우연히 너무도 훌륭한 발명을 한 것이다. 이는 사물을 항상 유심히 살펴보는 폴의 안목 때문이었다.

폴과 부족원들은 부족의 안전과 오크에 대한 복수의 일념으로 밤낮 쉬지 않고 열심히 무기를 만들었다.

1년이 넘게 걸려서 동방패 300개, 동칼과 장도 500개, 단도 500개, 화살촉 40,000개, 동도끼 500개, 동창 2,000개의 실로 엄청난 양의 무기를 만들었다.

날을 갈고 나무를 붙이며 출전 준비에 더욱 박차를 가하였다.

폴이 발명품인 거푸집을 이용하니, 기존의 돌로 일일이 때려서 돌 무기를 만드는 것보다 속도가 몇백 배나 빨랐다.

폴의 지시에 따라서 일을 분업화하여 구리가 함유된 돌을 구해 오는 팀, 땔감을 구해 오는 팀, 진흙으로 거푸집을 만드는 팀, 돌판에 불을 때어 흘러나온 동을 거푸집에 주입하는 팀, 굳은 동무기를 숫돌에 가는 팀, 만들어진 돌칼과 돌도끼, 돌화살촉에 나무를 부착하는 팀 등 전 부족원들이 남녀노소 합심하여 세계 최초로 훌륭한 최강 신무기를 빠르게 탄생시킨 것이다.

또한, 숫자가 많고 날랜 야비 부족과의 실전에 대비한 여러 가지 전술을 응용한 전사들의 전투 훈련도 매일같이 빡빡하게 진행이 되었다.

3. 리나의 시련과 고통

한편 오크는 '어떡하면 비계 몰래 리나를 품을 수 있을까?' 하고 궁리하였다.

리나가 어디서 구했는지 항상 품에 돌칼을 소지하고 있어서, 자칫하면 자살할 수도 있기에 쉽지가 않았다. 그러다 좋은 묘안이 떠올랐다.

야비가 매일 하는 마약이 생각났다. 야비는 마약 중독자라 하이방 양지바른 곳에 양귀비를 대량으로 심어놓고, 부족 원로들과 마약에 수시로 취하고 있었던 것이다.

그리고 오크는 리나의 밥을 가져다주는 16살 여자아이 주시를 협박하여 리나의 식사에, 마취 성분과 환각 효과가 있는 마약인 양귀비즙을 짜서 음식에 섞어 함께 주도록 하였다.

배가 고팠던 리나는 아무 의심 없이 어린 주시가 준 음식을 먹게 되었다. 잠시 후, 리나는 하늘이 돌고 호흡이 가빠지고 정신을 차릴 수 없었다.

이를 밖에서 엿보고 있던 오크는 리나가 마약에 취해 쓰러지자, '옳거니, 이때구나.' 하며, 움막으로 들어와 그녀의 품에 품고 있던 돌칼을 뺏었고, 강제로 폭행하였다.

아무리 정신을 차리고 밀쳐내려고 해도 마약 중독으로 몸이 마비되어 말이 듣지 않은 리나는 울며불며 악을 쓰며 반항하고 애원도 하였다.

급기야 리나가 혀를 물고 자결하려고 하자, 오크는 리나의 입에 재갈을 물리고 계속하여 폭행하였다.

그리고 리나를 향한 오크의 폭행이 하루가 멀다고 계속 이루어졌고, 비계의 폭력도 계속되어 지옥보다 힘든 생활이었지만, 오로지 복수의 신념으로 이를 갈며 가냘픈 목숨을 이어갔다.

"저것들을 반드시 처단하리라."

리나는 오늘도 맹세를 하였다.

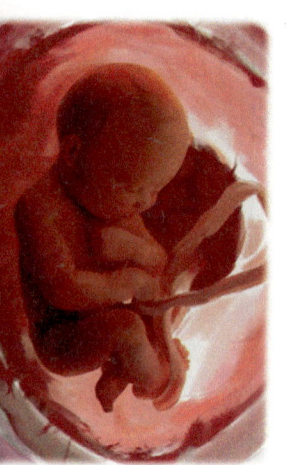

그러던 어느 날인가부터 리나의 몸에 이상이 발생했다. 오크의 아이를 가진 것이다.

큰 충격에 빠진 리나는 더러운 피가 섞인 이 아이를 지우려고 마음먹고 언덕에서 굴러보고 독초도 먹어 보았지만, 리나의 몸만 축나고 아이는 리나의 몸속에서 계속 자라고 있었다.

그러던 어느 날, 꿈속에서 엄마 루틴이 나왔다.

"리나야, 이 아이도 생명이다. 그리고 너의 핏줄이니 죽이지 말고 잘 키워야 한다."

라는 말을 하셨다. 그리고 아기가 "엄마~, 엄마~" 하는 꿈이 너무도 생생하였다.

리나는 그 꿈을 꾼 후 생각했다. 오크가 죽일 놈이지 내 배속에 아이는 아무 죄도 없고 소중한 생명체라는 걸 알았다.

그리고 마음을 가다듬어 미안하다는 말을 하며 더 이상 아이를 지우려고 행동하지 않았고 아이의 이름도 로마라고 지으며 시간이 나는 대로 뱃속에 아이와 즐거운 대화를 하였다.

그러나 이 애를 살리기 위해서는 악녀 비계에게 자신의 임신 사실을 숨겨야 했다. 비계가 알면 아이를 죽이려 할 것은 불을 보듯 뻔한 일이었다.

한편 비계는 몸이 워낙 비대하여 몸이 좋지 않았고 임신이 되지 않았다. 특히나 오크는 비계에게서 여성스러움을 느끼지 못하였고, 사랑하지도 않았던 것이다.

이에 리나의 고민이 깊어졌다. 비계가 자신이 임신하였다는 것을 알면, 틀림없이 자신을 죽일 것이기 때문에, 임신으로 불러오는 배를 가죽 보자기로 칭칭 감았다.

그러나 임신한 배가 감추어진다고 감추어지지 않는 법, 어느 날 하녀 주시가 리나가 복대로 사용하는 가죽 보자기를 감고 푸는 것을 문틈으로 엿보았다. 그리고 이를 비계에게 전하러 가다가 오크와 딱 마주쳤다.

"주시야, 어디를 그렇게 황급히 가는 게냐?"

"아~, 네~, 비계 공주님께 보고드릴 게 있어서 가는 중입니다."

"뭐라고? 네가 비계의 시녀란 말이냐? 너는 나의 여자 리나의 시녀이고 나의 명령과 지시만 따른다는 것을 잊은 것이냐? 내 말을 안 듣다가는 너의 가족은 살아남지 못한다는 것을 알아라."

오크는 계속해서 말했다.

"나는 이 부족의 다음 족장이 될 사람이라는 걸 명심해라. 비계에게 무엇을 보고하러 가느냐? 솔직히 말해라."

"네~, 실은 리나 아씨가 임신한 것 같습니다. 복대를 하고 있었고, 복대를 푸니, 배가 불러 있었습니다."

"그래! 이 사실은 절대 비계에게 말하지 말거라. 만일 발설 시 너와 네 가족은 살아남지 못할 것이다."

즉시 리나의 움막으로 찾아온 오크는 리나를 다그쳤다.

"리나, 너 임신한 것 맞지?"

더는 숨길 수 없는 리나는 아기의 안위를 위하여 임신 사실을 말하였다. 오크는 '드디어 아름다운 리나의 아기를 갖게 됐구나.' 하고 매우 기뻐 어찌할 줄을 몰랐다.

리나는 아이를 살려야 한다는 절박한 사명으로 복수의 마음을 숨긴 채 오크에게 갑자기 친절해졌다.

리나는 오크에게 부탁을 하였다.

"어찌 됐든 이 아이는 당신과 나의 아이이고 이 아이가 무슨 죄가 있겠어요. 비계가 알면 나를 죽일 것이니, 나와 당신의 자식을 살려주세요."

오크는 리나의 배를 쓰다듬으며 힘주어 말했다.

"리나야, 걱정하지 마. 너는 내 아내이고 배 속에 아이는 내 자식인데 내가 보호해야지."

오크는 큰 소리로 주위에 경고했다.

"리나와 내 아이에게 위해를 가한다면 누구도 용서할 수 없다는 것을 알아둬라!"

그리고 바로 족장 야비를 찾아가 그의 집무실에서 독대했다.

"아버지 족장님, 저는 부족을 버리고 이곳으로 와서 불을 만들고 돌판으로 식물을 데워먹고 움막을 지을 수 있게 하는 등의 많은 공을 세웠습니다. 얼마 전 옆 부족 쿤사의 전투에서도 제가 쿤사 놈들의 위치를 알아내고 쿤사 아들 쿤타와 족장의 목을 베어 전쟁을 승리로 이끌었습니다."

"그럼, 잘 알지~, 너의 전투력은 우리 부족 역대 최고지, 그래서 너에게 네가 데려온 '리나'라는 여자와 나의 큰딸 비계를 아내로 주지 않았나. 그리고 너를 서열 2위의 부족장 자리에 명하였는데 과연 무슨 문제가 있는 게냐?"

"족장님, 리나가 임신했습니다."

"뭐라고! 비계를 먼저 임신시켜야지 어떻게 다른 부족에서 데리고 온 여자를 먼저 임신시켰냐? 그 아이로는 정통성이 없어 오크 네가 족장이 된다 해도 후일 족장의 대를 잊지 못한단다."

"네 저도 잘 알고 있습니다. 듣기 불편하시겠지만 저는 지금의 아내 비계를 만나기 10년 전부터 리나를 사랑해왔습니다. 리나가 없으면 저는 삶의 의미가 없습니다. 비계가 리나의 임신 사실을 알면 리나를 살해할까 두렵습니다. 간청하오니 아이를 낳을 때만이라도 리나의 경호를 증가시켜주시고 비계가 절대 리나의 움막에 출입하지 못하도록 부탁드립니다."

"알겠다. 내 즉시 명 하마. 대신 나도 조건이 있다. 앞으로 1년 안에 비계의 임신 소식을 들을 수 있게 하여라. 알겠나?"

"네 최선을 다하겠습니다."

그리고 5개월 후, 리나는 엄청난 산고를 느끼며 스트레스를 받아서인지 매우 왜소한 남자아이 '로마'를 출산하였다.

그리고 3개월 후 아이를 재우고 아이의 기저귀를 세탁하려고 냇가로 갔다. 일을 마치고 돌아와 보니 움막에 아이가 없어졌다.

움막 주위에서 리나가 나오기를 기다리며 망을 보던 비계의 하녀 주린이가 비계의 명을 받고 아이를 안고 비계에게 가져다준 것이다.

아이가 없어진 것을 안 리나는 오크에게 달려가 울음을 터뜨렸다.

"누가 로마를 훔쳐 갔어요! 찾아주세요."

리나의 유일한 낙이고 희망인 아이는 어느새 없어서는 안 될 소중한 존재였던 것이다.

오크는 이를 짐작하고 비계의 처소로 갔더니 마침 아이를 죽이려고 비계가 돌칼을 겨누고 있었다. 뒤따라온 리나도 이 광경을 목격하였다.

"이 아이는 악마의 불씨라 죽여야 해요. 그리고 당신의 아이는 이 세상에서 나만이 낳을 수가 있다는 것을 명심해야 해요."
하고 칼을 찌르려는 순간이었다.

리나가 신속히 아이를 감싸 안았다. 비계의 돌칼이 리나의 오른쪽 어깨에 내리꽂혔다.

"악~"

리나의 외마디 짧은 비명, 오크는 이를 보고 극도로 화가나 비계를 힘껏 밀쳐냈다.

"비계, 도대체 이게 무슨 짓이요? 내가 이 부족으로 목숨을 걸고 온 것도 모두 리나 때문이었고 전쟁에 나가 목숨을 걸고 승리한 것도 리나 때문이요. 당신이 이렇게 나온다면 나와 리나, 로마는 이 부족을 미련 없이 당장 떠나겠소. 앞으로 당신 부족원들은 불도 피울 수 없을 거며 구운 고기는 물론 다시 추위서 떨게 될 거요."

강력한 오크의 반응에 비계는 꼬리를 내리며 말했다.

"당신이 내게는 오지 않고 매일같이 저 여자만 좋아하고 결국 애까지 낳으니 나도 참을 수가 없었던 거예요. 제발 떠난다는 말은 하지 말아주세요. 나는 당신을 정말 사랑해요."

"그럼 두 번 다시 리나와 로마를 괴롭히지 않는다고 약조해주시오?"

"그럼, 당신도 아버지 말씀대로 1년 안에 아기를 갖게 해주세요. 그러면 그만 괴롭힐게요."

"알겠소."

그렇게 사태는 일단락되었고 리나는 비계가 찌른 돌칼에 의하여 인대가 손상되어 팔을 높이 들지 못할 정도로 어깨에 심한 상처를 입었다.

그 후로도 오크 모르게 리나를 향한 비계의 탄압과 폭행은 쉬지 않고 계속되었다.

제 5 장

전사 폴의 진격

폴의 전투에서 볼 수 있듯이 전쟁의 승패는 사람 수가 아니라 무기이다. 만일 폴과 야비 부족이 동일한 청동 무기로 전투를 벌였다면 결코 폴 부족이 승리할 수는 없었을 것이다. 1차 세계대전에서 군인만 1,000만 명이 죽고, 부상자가 2,100만 명이 발생했는데 이 대량 살상 역사의 현장에서 선봉 역할을 한 것이 바로 '죽음의 사신, 무적의 병기'라는 별명을 가진 기관총이다. 나중에 이루어진 조사에서 사상자의 90% 정도가 기관총에 희생되었다고 한다. 예를 들어 기관총이 나오기 전에는 영국의 식민지 정벌 침략 전투에서 원주민들에게 패하기도 하고 비슷한 사상자가 발생하는 전투가 꽤 많이 있었다. 그러나 기관총의 발명으로 영국군은 100전 100승이 되고 1만 명의 원주민과 100명의 영국군이 전투를 벌여 1만 명을 학살한 사건도 쉽게 찾아볼 수 있다. 이처럼 기관총은 제국주의 열강의 약소국을 식민지로 만드는 지배 수단이자 대량 살상의 잔인한 전쟁 도구로 쓰였다.

1. 청동 무기 vs 돌 무기

한해가 지나 소쩍새가 우는 화창한 봄날이었다.

오크가 리나를 납치 후 실로 2년 동안, 칸의 전 부족은 밤낮없이 전쟁 준비를 하였고 폴이 발명한 동 무기들은 모두 훌륭하였다.

특히 동검의 위력은 대단하였는데, 폴은 동장검을 들고 싸움 잘하는 전사 10여 명에게 기존의 돌칼을 들게 하고 실제로 대결해보았는데, 돌칼이 폴의 동검과 부딪히는 순간, 모두 박살이 나서 전투 자체가 안 되었다. 실로 놀라운 결과였다.

그리고 동 화살촉도 폴이 새롭게 발명하여 날카로운 동 화살촉 뒤에 무거운 원형의 나선형 돌 추를 끼워 넣으니 중량이 있어서 관통력과 파괴력이 기존 돌화살보다 비교 불급으로 매우 뛰어났다. 기존의 돌화살은 50m 밖에 안 나갔는데, 두·세배가 무거운 동화살은 무려 사거리가 5배인 250m가 넘게 나가는 최종병기 활이 된 것이다.

그리고 동방패는 처음에는 원형으로 만들었으나 수많은 화살이 날아올 때는 원형 방패는 빈틈이 발생하여 직사각형으로 설계를 변경하였다.

완성된 동방패에 무려 돌화살 1,000발 이상을 쏴보았으나 약간의 찌그러짐 외에는 돌화살을 완벽하게 막아내고, 돌화살은 동방패와 충돌하는 순간 산산조각이 나버리는 신기한 방패였다.

그리고 완성된 동도끼는 단단한 동물의 뼈나 나무, 밧줄, 돌 등 돌도끼로는 엄두도 못 내던 물질도 쉽게 박살을 내고 잘라내는 신기한 신무기였다.

2. 동 갑옷의 탄생

전 부족이 동무기를 열심히 만드는 도중 전투에 출전하는 전사들은 시간을 쪼개어 매일같이 고된 전투 훈련을 받았다. 아버지 칸의 친구이자 훌륭한 전사인 로뎀 아저씨가 교관으로 나섰다. 로뎀 아저씨는 과거 타 부족 전투에 용병으로 참전해 혁혁한 전과를 세운 사람이었고 실전에 강한 무장이었다.

그는 매복에서부터 은폐, 엄폐, 기습 등의 동방패를 비롯한 각종 동무기 사용법을 실전같이 매일 가르쳐 나갔다.

하루는 부족원 토비와 킨테를 출전 전사들 앞으로 나오라고 하며 시범을 보이는 수업을 진행하였다.

토비에게는 동칼을 주고 킨테에게는 돌창을 주어 대결을 시켜보았다. 토비가 동칼로 킨테를 내리쳤다. 킨테는 돌창을 양손으로 잡고 막았으나 나무가 동칼에 의하여 싹둑 잘리면서 킨테의 배를 살짝 베이게 되었다.

다행히 조끼 형태의 가죽 갑옷을 입고 실습을 하여서 크게 다치지 않았다. 가죽 갑옷을 벗기고 상처를 보니, 깊이 1cm, 폭 5cm의 열상을 입어 치료를 받으러 급히 치료실로 가게 되었다. 만일 가죽 갑옷을 입지 않았다면 큰일날 뻔한 것이다. 부족원들은 새삼 동검의 위력에 감탄했다.

폴은 오늘 시범 때 일어난 일을 생각하며 킨테가 입었던 가죽옷을 유심

히 살펴보았다. 질긴 소가죽으로 된 가죽옷인데 청동 검에 쉽게 절단이 된 것이다.

'전사가 전투 시 입는 조끼 형태의 가죽 갑옷을 어떻게 하면 적의 돌칼이나 돌화살, 돌창으로부터 뚫려, 전사가 다치거나 죽는 것을 방지할 수 있을까?'

하고 오늘도 발명가 폴은 고민하였다. 찢어진 가죽 갑옷을 이리저리 한참 살피던 폴은 갑자기 훌륭한 아이디어가 또 떠올랐다.

'맞아, 이것도 동으로 해결하면 되겠구나.'

폴은 정사각형의 얇은 거푸집을 만들고 여기에 녹인 동물을 부었다. 완성된 정사각형의 동조각을 동칼로 힘껏 찔러 보았더니, 같은 재질이라 그런지 찌그러지기만 하고 뚫리지 않았다. 그리고 돌창으로 동조각을 강하게 찔렀더니, 돌창은 깨졌지만 동조각은 멀쩡하였다.

'맞아~ 이거야. 이렇게 하면 되겠어!'

폴은 사각형 거푸집에 동물을 부어 100여 개의 동조각을 만들었다. 그리고 10개의 동조각 네 귀퉁이를 동화살촉으로 뚫는 작업을 부족원들과 하게 되었다, 더불어 이 조각을 전사들이 입는 가죽 갑옷 안쪽에 수십 개를 촘촘하게 맞대어 꿰매 나가도록 바느질 잘하는 부족 여인 '줌마'에게 주었다.

이 조끼 갑옷은 겉으로 봐서는 종래의 가죽 갑옷과 같으나 내부에는 동판이 촘촘하게 부착된 폴의 새로운 발명품이었다.

다음날 완성된 동갑옷 조끼를 줌마로부터 전달받았다.

안쪽에 빈틈없이 촘촘하게 동조각이 잘 꿰매져 있었다. 한 사람의 동조끼를 만드는데 동조각 90개 정도가 필요했다.

그리고 아버지 칸을 비롯하여 교관인 로뎀 부족의 전사들을 모이게 하였다.

갑옷을 사람 허리둘레 크기의 나무에 입히고 먼저 돌화살로 여러 발 쏴보았다.

'퍽퍽~' 하고 돌화살들과 동갑옷이 부딪히는 파열음이 발생하였다. 모두 가까이 가서 보았더니 동갑옷은 가죽에만 구멍이 나고 조끼 안에 설치된 구리판은 결코 뚫지 못했다.

그러나 돌화살은 그 끝이 모두 부서져 버렸다.

다음으로 돌창을 강하게 나무에 입힌 동갑옷 쪽으로 세게 던졌다. 역시 동갑옷은 돌창도 거뜬하게 막아냈다. 다음은 폴이 발명한 청동 화살을 쏘아보았다. 동화살을 단거리에서 발사하였고, 워낙 관통력이 있어 구리판에 얇게 박혔지만, 사람이 죽을 정도는 아닌 것 같았다.

'이 정도면 됐어.'

기존의 가죽 갑옷은 돌화살도 전혀 못 막아내는데 폴이 발명한 동갑옷은 무거운 돌추를 끼운 강력한 동 화살촉도 어느 정도 막을 수 있을 만큼 방어력이 좋았다.

동갑옷 발명품 실험을 보고 폴은 전 부족에게 우레와 같은 박수와 갈채를 받았다.

폴은 전 부족에게 자신감있게 외쳤다.

"출전 전사 모두에게 동갑옷을 입힐테니, 부족원들은 모두 열심히 동판을 만들어 주십시오. 그리고 줌마 아주머니는 바느질 잘하시는 여인들을 차출하여 어제 만드신 것 같이 가죽 갑옷에 동판을 단단하게 달아주세요. 우리 전사들의 목숨을 보호하는 중요한 옷입니다."

"걱정하지 마셔요. 우리 아들들이 입을 건데 완벽하게 만들어 드릴게요. 폴 부족장님."

칸 부족은 세상에 하나뿐인 여러 가지 신무기 발명품들로 무장한 자신들의 승리를 100% 아니 1,000% 확신하게 되었다.

결전의 준비를 모두 마친 칸 부족 200명의 전사는 이처럼 세상에 전혀 없는 최신 무기로 중무장하였다.

그리고 승리하자는 드높은 함성과 함께 야비네 부족을 향하여, 소 10여 마리에 식량과 여러 전투 물자를 싣고 부족원들과 인사를 나누며 출전하려는데, 갑자기 전투 복장과 무기를 지닌 리사, 루틴, 지나를 비롯한 여자 10여 명이 폴에게 다가왔다.

"폴 오빠, 아니~ 폴 부족장님, 우리도 출전하게 해주세요. 저희도 친구 리나를 구하고 오크를 처단해서, 우리 부족의 안전을 위하는 데 작은 힘이나마 한몫하고 싶어요. 저희도 틈틈이 로뎀 교관님을 졸라 활쏘기 칼 쓰기와 격투기를 1년간이나 배워서 웬만한 남자에게 절대로 지지 않아요."

"특히 저희의 활쏘기는 백발백중이에요. 그리고 부족장님이 발명하신 동 갑옷도 이렇게 챙겨 입었으니 안전해요."

"저희도 데려가세요. 절대 피해 안 끼칠게요. 맹세해요."

로뎀 교관은 뜻밖이라는 듯이 말했다.

"헉~, 너희들이 날마다 날 찾아와서 무술을 가르쳐 달라고 졸랐던 것이 부족 방어가 아니라 결국 전쟁에 출전하려는 것이었구나?"

"맞아요! 교관님, 저희도 출전하려고 마음을 먹고 교육받은 거예요. 죄송해요. 부족을 지킨다고 거짓말했어요. 사실대로 말하면 무술을 가르쳐 주지 않으실까 봐, 그렇게 했습니다."

폴은 족장인 아버지에게 물었다.

"족장님, 이 여성들을 어떻게 할까요? 생사가 왔다 갔다 하는 전쟁터에 여성들을 참가시키는 것은 큰 무리라고 생각하고 다른 부족이 알면 놀림

감이 될 것입니다."

"폴 부족장님, 무리라니요? 우리도 한 몫할 테니 그런 말 마세요." 하고 리나의 절친 리사가 손사래를 치며 말하였다.

칸 족장은 한참을 생각하더니 말했다.

"폴, 리사를 비롯한 여성들의 마음이 확고하니 일단 데려가거라. 전투가 시작되면 여성들도 반드시 할 일이 있을 것이다. 데리고 가서 상황이 위험해지면 바로 부족으로 귀환시키어라. 나약한 여성들까지 이 전쟁의 희생양이 될 순 없다."

리사는 출전 허락을 기뻐하며 말했다.

"감사합니다. 족장님, 꼭 승리하고 오겠습니다."

칸과 로뎀을 포함한, 남아 있는 부족원들의 열화와 같은 배웅을 받으며 폴과 전사들 210명은 악마의 소굴로 힘차게 행군하였다.

3. 전사 210 VS 2,000

장미꽃이 만발한 5월의 봄날 칸 부족 전사 210명은 산 넘고 물 건너 폭포를 지나 4시간의 행군을 하였고, 드디어 요새와 같은 야비족 마을이 저 멀리 눈에 보이기 시작했다.

계속 전진을 하는데 야비족의 입구에 있는 가장 높게 설치된 소망루의 보초병이 폴 부족이 다가오는 것을 발견하였다.

그리고 급히 망루에서 뛰어와 야비에게 상황을 전하였다. 여자를 포함한 알 수 없는 200명 정도의 무장한 적군이 오고 있다고 전하였다.

"도대체 어떤 겁 없는 놈들이 고작 200명 가지고, 더구나 힘없는 여자까지 데리고 우리의 대 부족을 치러 온 것이냐? 하룻강아지 범 무서운 줄 모르고 가소롭기가 짝이 없구나."

코웃음을 치는 야비에게 오크가 말했다.

"족장님, 제 생각으로는 작년에 침입자도 있고, 아마도 칸 부족이 침입한 것으로 생각됩니다."

"너의 옛 부족 말이냐?"

"그런 것 같습니다."

"그놈들, 미친놈들 아니냐? 200명 전사로 도대체 뭘 하겠다는거냐. 쿤사 전사 700명도 우리에게 몰살당했는데 어이가 없구나. 오크, 전사를 데리고 출전하여 이곳이 과연 어떤 곳인지 본때를 보여줘라."

야비는 즉시 열 배 규모인 2천 명의 날쌘 전사를 자신의 맏사위인 오크에게 주며 명령하였다.

"오크, 한 놈도 남기지 말고 모두 죽여. 머리 가죽을 벗겨 와라."

두 부족은 야비의 부족 초입에 있는 하이방이라는 커다란 평지 벌판에서 서로 대치하였는데, 두 곳 모두 일촉즉발[17]의 팽팽한 긴장감과 살기에 휩싸이게 되었다.

먼저 야비 쪽 부족장이 된 배신자 오크가 먼저 폴에게 말했다.

"폴, 네가 온 줄 알았다. 제 발로 잘 들어왔다. 작년에 손 좀 봐주러 갔더니 어찌 알고 용케 이사를 갔더구나? 그런데 여기가 어딘 줄 알고 감히 또 쳐들어왔냐? 그 숫자로 과연 승산이 있을 것 같으냐? 인원이 안 되니 수다쟁이 여자아이들까지 데려왔구나. 한심하기 짝이 없는 놈이구나! 무기 내려놓고 항복하면 너의 목숨만은 살려 주고 노예로 대해주겠다."

오크가 비꼬며 말하자 폴 옆에 서 있던 리나의 친구 리사가 힘주어 크게 오크에게 말하였다.

"야~, 살인자~, 납치범~, 배신자~, 내 친구 리나의 원수 오크야. 오늘이

---

17) 조금만 건드려도 폭발할 것 같은 몹시 위급한 상태.

너의 제삿날인 걸 명심해라! 네가 어떻게 죽는지 내 눈으로 똑똑히 보러 왔다."

"리사, 건방진 년, 째진 입이라고 함부로 주둥이를 놀려, '제삿날'이라니 어이가 없다. 감히 200명으로~? 모두 여기서 죽여주마! 각오해라~."

오크는 계속 말하였다.

"폴, 오늘 늑대와 까마귀들 포식하는 날이구나. 너희 부족 210명의 사람고기를 실컷 먹게 생겼으니~ 그리고 내가 자비를 베풀지~, 리사는 인물이 반반하니 살려서 나의 몸종으로 삼을 것이니, 고맙게 생각하거라."

리사는 지지않고 맞받아쳤다.

"야~ 오크, 그러기 전에 나의 화살이 너의 눈과 심장을 꿰뚫을 거다. 기대하거라."

연이어, 폴은 선전포고를 날렸다.

"살인자, 납치범, 배신자, 도둑놈, 오크 이놈, 널 절대 살려주지 않겠다.

너를 죽여 늑대 밥으로 주고 목을 잘라 리나 아버지와 어머니의 묘에 올려놓겠다. 이 죽일 놈아."

"폴, 목은 네가 먼저 잘릴 것이다. 여기 온 200명의 똘마니와 계집아이들과 함께 다 죽여주마."

"오크, 잘 들어라. 내가 이날을 위해 3년간이나 이를 갈고 고생하며 기다려왔다. 우리가 어떤 무기를 가져왔는지 한번 맛보아라. 아마 기절초풍할 것이다. 우리가 아무 대비책도 없이 무모하게 온 줄 아느냐?"

"폴, 뭘 가지고 왔는지 볼 필요도 없지만, 넌 정말 겁이 없는 미련한 놈이구나. 맞아, 너는 원래 어려서부터 무모하고 겁 신경이 마비된 놈이었지?"

오크는 폴을 비난하며 계속 말하였다.

"모두 죽여 머리 가죽을 벗겨주마, 여기가 너희 부족원들의 새로운 공동 묘지이다. 폴과 계집년들의 목을 쳐서 내 아내 리나의 선물로 줘서, 리나의 놀라는 모습이 보고 싶구나! 하하하~."

"뭐라고, 오크 죽일 놈, 인간의 탈을 쓴 악마."

두 부족의 피 끓는 대화가 끝남과 동시에 먼저 오크가 명을 내렸다.

"야비 부족! 전원 화살 준비~, 모두 발사하라!"

야비족 전사 2천 명이 동시에 활에 돌화살을 장전하고 폴과 전사들에게 2천여 발의 화살을 비 오듯이 퍼부었다.

폴은 새로 만든 동방패로 미리 예상한 대로 "막아라!" 하고 명령하였다. 평소 훈련처럼 동으로 된 4각 방패가 서로 밀착하여 상하좌우 빈틈없이 막아내었다. 2천 발의 돌화살 촉은 방패에 부딪히는 순간 사방에서 '땡땡땡' 하는 굉음과 함께 산산조각이 났다.

무려 2천 발의 화살이 단 한 발도 인명 피해를 주지 못했다.

그 후로 계속해서 쏘고 또 쏘고 무려 2만 발 이상의 돌화살을 쏴보았으나 동 재질의 튼튼한 방패 앞에는 약간의 찌그러짐 외에는 동방패를 절대 뚫지 못하는 무용지물이었다. 폴과 전사들 주변의 2만 발 이상의 커다란 화살 무더기가 만들어졌다.

2만 발 이상의 화살을 쏘고도 단 한 명도 폴의 전사를 죽이지 못한 오크의 전사들은 어떻게 이런 일이 생길 수 있는가 하며 망연자실하였다.

저 방패가 도대체 무엇이길래! 수많은 돌화살을 맞고도 끄떡도 안 하는 게냐? 세상에 이런 일이, 이건 말도 안 된다.'

오크는 멘붕이 와서 활을 버리고 칼싸움을 위한 돌진 준비를 하였다.

"안 되겠다. 돌칼과 돌창을 꺼내라."

"모두 돌진!"

오크의 명령이 떨어진 순간 바로 그때 폴이 절도 있게 명령하였다.

"반격, 동화살 발사."

폴의 전사 210명은 동방패를 모두 땅에 내려놓았다. 그리고 잘 연마된 예리한 최종병기 동화살 210발을 활에 끼워 오크 전사들에게 힘껏 발사하였다.

막 진격하던 선두그룹 100여 명이 동화살을 맞고 그 자리에서 모두 꼬꾸라지며 사망하였다.

오크는 이 모습을 보고 돌 방패로 날아오는 동화살을 막았다.

"진격 중지! 돌 방패 방어."

그러나 돌추가 추가된 강력한 동화살을 맞은 돌 방패는 퍽퍽 소리를 내며 모두 산산조각이 났고, 동방패가 깨짐과 동시에 오크 전사의 몸을 그대로 관통했다.

방패를 모두 잃은 오크 전사는 또다시 날아온 화살로 인해 곳곳에서 사망자가 속출하기 시작하였다.

그리고 다시 210발의 동화살은 여러 차례 발사되었고, 수천 발의 강력하고 예리한 동화살이 계속하여 야비 전사들의 몸통을 꿰뚫었다.

특히 전투에 참여한 리사를 포함한 여성들의 활 솜씨가 신기에 가까울 정도로 돋보였다.

단 한발의 화살의 낭비도 없이 백발백중으로 오크 전사의 심장과 목을 모조리 뚫었다. 특히 여전사 리사는 하나의 활대에 2개의 화살을 끼워서 두 발을 한꺼번에 발사하여 두 명을 쏘는 활쏘기의 달인이었다.

강력한 동화살의 사격으로 방패가 파괴된 야비 전사들은 동화살을 몸에 맞고 하나같이 동화살 고슴도치가 되어 제대로 싸워보지도 못하고 처참하게 죽어 나갔다.

마지막 남은 200명의 야비 전사는 돌칼을 빼 들고 폴 전사들에게 돌진하였다.

"와~, 공격하라."

폴 전사와 칼싸움이 시작되었다. 전투가 시작되자 폴 부족은 동도끼와 동칼을 들고 근거리 전투를 벌였다. 여전사 리사도 커다란 동도끼를 휘저으며 오크의 전사들을 닥치는 대로 도륙하였다.

한편 무술 실력이 뛰어난 오크는 폴의 전사 티모의 가슴을 향하여 돌칼을 찔렀으나, 칼이 전혀 가슴에 들어가지가 않았다. 그리고 다시 배를 찔렀는데, 돌칼이 또 튕겨 나왔다.

"이럴 수가, 날카로운 돌칼에 가죽 갑옷이 뚫리지 않는다니, 어찌 된 일이냐?"

이때, 티모의 동검이 오크의 목을 향하여 들어왔다. 오크는 돌칼로 즉시 막았는데, '퍽~'하고 돌칼이 두 동강이 나며 어깨를 크게 베였다.

다시 공격하려는 티모를 그의 부하 장군 누치가 상대하였다.

"오크 장군님, 어서 피하셔서 전 부족을 끌고 다시 오십시오. 우리하고는 상대가 안 됩니다."

하고 오크를 부족으로 피하게 하였다.

누치를 포함한 2천 명이나 되는 야비 전사들이 최강 신무기인 동화살과 동검, 동도끼에 의하여 단시간에 몰살당하였고, 늘 승승장구 하던 야비 부족 최악의 패전이었다.

4. 야비의 총공격

1,999명의 전사를 순식간에 잃고 어깨에 동칼을 맞은 유일한 생존자인 오크는 이 사태에 경악을 금치 못했다. 그리고 폴의 여전사 리사가 마지막으로 살아남은 오크를 발견하고 "이, 원수~" 하며, 조준하여 두 발의 동화살을 쏘려고 하였다.

"리사, 정지해~."

폴이 긴급히 말렸다.

"오크 저놈은 반드시 생포해야 하니, 빨리 전사들은 뛰어가 잡아라."

그러나 오크는 쫓아오는 폴 전사들을 죽기 살기로 따돌리고, 급하게 야비에게 달려갔다. 그리고 야비에게 울면서 보고하였다.

"야비 족장님, 폴의 부족 놈들에게 2천 명의 전사가 순식간에 모두 몰살당하였습니다. 놈이 이상한 마법의 방패를 가지고 와서, 화살 2만 발을 쏴도 뚫리지 않고 도저히 당할 수가 없었습니다. 빨리 피하셔야 합니다."

"뭐라고? 이건 도저히 말도 안 돼.

겨우 200명에게 우리의 강력한 2천 명 전사가 전멸하다니 어째 이런 일이? 슬프도다! 오크, 그놈들은 몇 명이나 죽였느냐?"

"족장님, 그게~, 단 한 명도 죽이지 못했습니다."

"오크, 이게 말이 된다고 생각하느냐? 정말 어이가 없는 일이 발생했구나."

"야비 족장님, 아니~ 아버님, 그들과는 싸움 자체가 안 되고 저희가 가진 돌창이나 돌화살로는 대책이 없었습니다. 그리고 그놈의 가죽 갑옷은 돌칼로 찔러도 몸에 칼이 안 들어가고 죽지를 않습니다. 그들은 하늘에서 내려온 전사이며 죽음의 사신입니다. 우리가 살려면 이제 도망가거나 모두 항복하는 수밖에 없습니다. 계란으로 바위 치듯이 도저히 이길 수가 없는 싸움입니다. 우리 전사 2천 명이 도륙될 때 폴 전사는 손끝 하나도 안 다쳤습니다. 이건 누가 생각해도 말이 안 되고 이길래야 이길 수 없는 상황 입니다. 우리의 돌 무기들과 일당백의 전사는 그들에게는 소용없는 애들 장난감 수준입니다. 목숨을 부지하시려면 빨리 부족원들을 이끌고 피하셔야 합니다."

오크는 겁을 먹고 족장을 설득하기 위해 일장 연설을 하였다.

"다시 말씀드립니다. 돌화살 2만 발을 쐈는데, 단 한 명의 부상자도 없는 마법

같은 일이 발생하였습니다. 그들에게 2만 발의 화살을 발사해도 전혀 뚫리지 않는 마법과 같은 방패와 칼이나 창으로 찔러도 죽지 않는 귀신같은 부족입니다. 또한, 그들의 화살은 너무도 강력하여 우리의 돌방패를 파괴함과 동시에 바로 전사의 몸을 꿰뚫어 버리는 엄청난 위력을 지닌 화살을 가지고 왔습니다. 그리고 그들이 지닌 칼 또한 저희의 돌칼과 대결 시 우리의 돌칼이 한 번에 바로 박살이 나서 도저히 싸움이 안 됩니다. 그들이 쳐들어오기 전에 속히 떠나서서 후일을 도모해야 합니다."

"그렇다면 화공으로 공격하자."

"족장님, 이미 화공을 써보았지만 지금은 계절이 봄을 지나 여름으로 가는 계절이라 수풀이 물기가 많아 불에 잘 타지 않고, 폴의 전사들이 평지에 있어서 화공을 써봤는데 아무런 소용이 없었습니다. 그리고 족장님, 저는 누구보다 폴에 대해서 잘 알고 있습니다. 폴과 저는 20년 동안

같이 한 부족해서 살았습니다. 폴은 그 누구보다 영특하고 두뇌 회전이 빠르고 총명하며 천재입니다. 사실 불을 살리고, 들판을 만들고, 움막을 짓는 것도 모두 폴이 발명했고 저는 그저 폴을 따라한 것입니다. 그가, 고작 210명의 군사를 이끌고 11,000명이 넘는 우리 부족으로 쳐들어왔다는 것은, 완벽한 확신이 있었기 때문에 온 것입

니다."

"오크, 그런 실망스러운 말 이젠 그만하라. 나 야비의 사전에는 죽으면 죽었지 비굴한 도망이나 항복은 없다. 그리고 내게는 아직도 4천 명의 막강한 전사가 있다. 지금 즉시 전투 준비를 하고 출전하자. 모두 서둘러라."

야비는 중무장한 4천 명의 전사를 모두 이끌고 하이방으로 마지막 전투를 위한 진격 준비를 바쁘게 하기 시작했다.

한편 폴은 200명 전사에게 즉시 명령을 하였다. 그리고 여성 전사들은 야비 부족 전사자들에 박힌 동화살을 빼서 확보하고 전투 준비에 온 힘을 다하도록 하였다.

얼마 후 야비는 4천여 명의 엄청난 대군을 이끌고 하이방 벌판에 도착하였다.

그리고 야비 전사들은 하이방 초입에 자신의 형제, 친구, 가족의 시신이 널려 있는 것을 보고 말았다. 최강의 야비 전사들은 사기가 바닥을 치고 전투 의지를 모두 상실하였다.

그리고 돌칼로는 가능하지 않은 처참한 전쟁의 결과를 보고 모두 공포에 질려 얼마 전 쿤사 부족이 죽음 앞에서 떨듯이 벌벌 떨었다.

폴은 먼저 큰 소리로 말하였다.

"야비와 전사들아, 잘 들어라. 너희 부족 2천 명이 보다시피 몰살당했지만, 우리 전사는 단 한 명도 다치지 않았다. 지금 즉시, 무기를 버리고 항복하면 모두 살려주고, 반항하면 너희들도 저들처럼 모두 죽임을 당할 것이다. 즉시~ 항복하라. 우리는 하늘에서 내려온 전사로 하늘이 주신 마법의 무기를 가지고 왔다. 너희는 결코 우리를 이길 수 없다."

야비는 폴 부족 마법의 무기와 기세에 속으론 엄청 겁이 났지만, 겉으로는 태연한 척, 큰 소리로 떠들어 댔다.

"너는 잠자는 사자의 코털을 건드리고 있구나! 죽어간 2천 명의 전사들의 복수를 하겠다."

돌화살로는 안 된다는 것을 감지한 야비는 병력의 반은 언덕을 기어올라 폴 전사의 뒤쪽으로 침입하게 하여 돌칼을 들고 근접전을 벌이게 했다. 폴은 이를 미리 예견하였듯이 전사 100명을 뒤쪽 언덕을 타고 쳐들어오는 야비 전사들 쪽으로 급히 배치시켰다.

언덕을 올라온 야비 전사들이 개떼처럼 몰려왔다. 그리고 이어지는 칼의 대결, 그러나 근접전에서도 돌칼은 동칼에 단 한 수만에 모두 깨져버려 도저히 싸움이 안 되었고, 설령 동작이 빨라서 돌칼로 몸통을 찔러도 동갑옷의 방어력으로 아무런 피해를 주지 못하였다.

계속하여 4천 명의 야비 전사들이 총동원하여, 돌 무기로 맹공격을 퍼부었으나 앞서 싸운 전투처럼 청동 재질로 된 강력한 무기로 인하여 전투는 폴 전사의 일방적 승리가 되었다.

이처럼 신발명 승리의 법칙에 의거, 동 재질의 신무기로 무장하고 1년 이상의 혹독한 전투 훈련을 한 폴의 전사들에게 야비 전사들은 도저히 상대가 안 되었고 결코 이길 수가 없는 일방적인 싸움이었다.

폴의 전사들은 멀쩡하였지만 야비네 전사들은 동료들의 계속 죽어 나가는 것을 보고 이윽고 사기가 떨어질 때로 떨어져 제대로 싸우지도 못하고 야비의 공격 명령을 모두 무시하였다.

그리고 앞다투어 돌 무기를 버리고 걸음아 나 살리라고 하고 부족 마을 뒷산으로 줄행랑을 치기 시작하였다.

폴 쪽 전사 중에도 근접 교전 시 무장 야비와 리첸의 돌칼을 못 막아 목을 맞아 사망한 2명의 사망자와 2~3명의 경상자가 발생하였다.

5. 야비의 패전과 도주

폴의 전사들은 전열을 가다듬어 야비가 도망간 야비 부족의 마을로 거침없이 진격하였다.

야비는 부족 마을 입구에서 매복하고, 폴 전사들이 들이닥치자 돌화살을 비 오듯 퍼부었다. 이를 미리 알아챈 폴은 이 또한 동방패로 모두 막아 내었다.

그리고 돌칼을 들고 쳐들어오는 야비 전사들도 동화살과 동검에 의하여 거침없이 모두 제압당하였다.

결국, 전투에 패하게 되자 족장 야비는 오크와 용맹한 장군 리첸과 부족에서 전투력이 최고인 일당백 최정예 경호원 30명을 이끌고 부족 뒷산 쪽으로 도주를 하였다.

폴은 이들이 최강 정예임을 알고 즉시 날랜 전사 50명을 차출하고 동방패를 포함한 동무기로 무장시켰다. 그리고 야비와 오크는 반드시 생포하라고 명하며, 곧바로 뒤를 쫓게 했다. 산으로 도주하던 오크 일행은 폴의 전사들이 쫓아오는 것을 보고 언덕에 올라 돌화살을 마구 쏘기 시작했다. 그러나 날아오는 화살을 여지없이 동방패로 모두 막아버렸다.

야비와 오크, 30여 명의 전사는 채 2시간도 안 되어 산 중턱에서 폴의 전사들에게 추월이 되었고 이윽고 포위되었다.

그리고 마지막 결전이 벌어졌으나 이 전투에서도 신무기로 무장한 폴의 날쌘 전사 50명에게는 도저히 상대 자체가 안 되었다. 불과 20분 만에 야비 최정예 경호원은 단 한 명도 남기지 않고 모두 동화살과 동검을 맞고 전원 장렬히 사망하였다.

물론 폴 전사들은 모두 멀쩡하였다.

6. 야비와 오크의 체포와 처벌

바로 그때, 천하장사인 장군 리첸은 야비와 오크에게 말했다.

"족장님과 부족장님, 어서 도망가세요."

그리고 자신은 숲의 오솔길에서 집채만 한 커다란 바위를 뽑아 폴의 전사에게 집어던지며 완강하게 버티었다.

그 바위에 깔려 폴의 전사 와챠가 즉사하였다. 그러자 폴의 전사들은 팀을 나누어 우회하여 도망가는 야비와 오크를 쫓았고, 나머지 전사는 리첸에게 동화살을 일제히 쐈다. 리첸 장군의 몸에 15여 발이 넘는 화살이 박혔다. 그래도 안 죽고 돌칼을 빼 들고 전진하다가 폴의 전사 바이슨의

강력한 동 도끼가 리첸의 몸통을 찍었고, 전사 루소가 동검으로 그의 목을 쳤다. 그는 죽으면서도 무릎을 꿇고 돌칼로 땅을 찍고 버티고 있었다. 적의 장수였지만 대단한 장수였고, 만일 리첸에게 청동 무기가 있었다면 아군에게 엄청난 피해를 줄 수 있는 야비족 최고의 맹장이었다.

폴의 날랜 전사들은 얼마 후, 산 정상 부근에서 야비와 오크를 포위하였다.

폴의 명령대로 야비와 오크를 무장 해제하고 결박하여 폴 앞으로 끌고 와서 무릎을 꿇게 했다. 폴이 말하였다.

"내가, 여러 차례, '항복하면 목숨을 살려준다.' 라고 했는데 너희들은 이를 어겼으니 결국 엄한 처벌을 도저히 피할 수가 없구나."

그러자 먼저 야비는 비굴하게 말했다.

"폴 족장님, 나의 모든 걸, 다 줄 테니 목숨만 살려 주십시오. 동굴 안에는 엄청난 양의 재물이 있습니다. 모두 가져가시고 제가 평생 받들어 모시며 충성하겠습니다. 목숨만 살려주십시오."

야비는 머리를 조아리며 계속해서 말했다.

"80대 노부모님이 계시고, 저의 처 20명과 20명의 자식이 있습니다. 이들을 봐서라도 제발 살려 주십시오. 그리고 얼마 전 쿤사 부족에게서 획득한 엄청난 재물과 아리따운 쿤사 처녀들도 수십 명 있습니다. 살려주십시오!"

이어서 오크도 말했다.

"폴, 내가 잘못했다. 용서해라. 제발 목숨만 살려줘라. 우리의 20년 우정이 있잖아. 친구야~, 제발 살려줘~, 나는 지금 아내가 2명이나 있어. 리나도 잘 지내고 있어. 그리고 내가 리나가 낳은 남자 아기 로마의 아빠가 되었어. 그 아이의 미래를 생각해서라도 목숨만 살려줘라, 내가 죽으면 리나와 로마가 너무 슬퍼할 거야. 제발 목숨만 살려줘라!"

"악마, 더러운 놈, 친구란 말 하지 마라. 토 나올 것 같다. 너는 리나의

부모와 오빠 리반을 잔인하게 살해하였다. 그리고 내 사랑하는 여자를 납치하여 폭행하고 원치 않는 아이를 낳게 하였다. 그리고 넌 그것을 지금 협상 대상으로 삼고 있다. 부족과 우정을 처참하게 배신한 살인자 놈, 결단코 너는 용서할 수 없는 놈이다. 후회해도 때는 이미 늦었다. 각오하고 영원히 유황지옥에나 떨어져라."

폴은 이 말을 마치고 즉시 서슬 퍼런 동칼을 오크의 심장에 단단히 박아 넣었고 그의 부하 바이슨이 동 도끼로 목을 쳤다.

야비는 오크의 주검을 보고 바들바들 떨고 오줌을 지렸다,

"폴 족장님, 제발, 자비를 베푸세요. 한 번만 살려주신다면, 이 부족의 왕이 되시고 전 우리 가족들을 데리고 아주 멀리 떠나겠습니다."

"야비, 때는 이미 늦었다. 내 뜻이 확고하니, 더 이상 목숨을 구걸하지 말거라. 거대 부족의 족장처럼 떳떳하게 최후를 맞이하거라. 부족들에게 창피하지 않느냐? 마지막으로 내가 너에게 죽음에 대하여 자비를 베풀도록 하겠다. 너의 죽음을 화살형, 참수형, 익수형, 교수형 중 선택하거라."

야비는 폴의 처형하고자 하는 의지를 도저히 꺾지 못할 것을 파악하고 더이상 모든 걸 포기하고 피눈물을 흘리며 침울한 표정으로 교수형 쪽을

택하였고, 형이 집행되어 조용히 죽음을 맞이하였다.

혹여 족장을 살려두면 후일을 도모할 수도 있고, 나중에 화근이 되는 것은 불을 보듯이 뻔한 일이었다.

7. 리나와의 재회

야비와 오크를 처형하고 폴의 명령으로 전사들은 리나의 행방을 찾았는데 구석에 있는 허름한 움막 안에서 어린아이 로마와 함께 있는 야위고 초라한 리나를 발견하였고, 그를 폴에게 데려왔다.

눈부시게 아름다웠던 리나의 모습은 그 어디서도 찾아볼 수가 없었다. 폴과 리나가 실로 2년 만에 서로 마주한 것이다.

리나는 울면서 말했다.

"폴 오빠, 정말 미안해. 이제 난 폴 오빠 곁으로 갈 수가 없어. 내가 죽었어야 했어."

하고 더 말을 잇지 못하고 엉엉 흐느껴 울기만 하였고, 폴의 얼굴을 똑바로 바라보지도 못하였다.

폴은 그간의 고초를 짐작하고 남음이 있었다.

"리나, 너는 잘못이 털끝만큼도 없다. 네가 살아 있는 것만 해도 하늘이 도운 거다. 자책하지 말고 지난 일, 다 잊어버리자. 저기 망루 옆에 보듯이 악마는 내가 처단하였단다. 그리고 우리 새롭게 출발하자. 그리고 네가 낳은 이 아이는 사랑하는 나의 리나가 낳은 아이니 내 자식과 같다. 내 자식처럼 키워주겠다."

라고 하며 흐느끼는 작은 어깨를 오래도록 꼭 안아주었다.

8. 거대 부족의 왕 폴

그날 저녁이었다. 움막에 모닥불을 피우고 폴과 리나는 오랜만에 둘만의 재회하였다. 그런데 리나의 얼굴에 여기저기 많은 멍이 들어있고 원형탈모가 일어났는지 머리카락이 듬성듬성 빠져있었다. 그리고 어깨에는 칼자국과 몸 여기저기에 채찍 자국이 있고 손에 지문이 달아지도록 거친 손을 보고 물었다.

"리나, 누가 너의 아름다운 얼굴과 몸을 이 지경으로 만들어 놓았니?"
하고 물으니 그간의 자초지종을 리나가 울면서 말하였다. 그리고 이 모든 폭행은 비계에게서 당했다고 말하였다.

"여봐라! 당장 야비의 큰딸 비계와 시녀 주시를 잡아 대령하라."

비계와 시녀 주시의 체포 명령이 떨어졌고 뚱녀 비계와 주시는 결박당한 채 리나 앞에 무릎을 꿇게 하였다.

"당장 저 여자를 제 아버지 야비가 교수당한 망무에 묶어 처형하라."
라고 지시하였다.

그러자 비계는 당당하게 그리고 뻔뻔하게 외쳤다.

"내 죄가 뭔데 죽이려는 거죠? 내 아비를 죽였으면 됐지, 나까지 죽이려는 것은 부당해요. 저는 저와 결혼한 오크가, 저 여자하고 바람을 피우고 애까지 낳아서, '그러지 말라고' 단지, 경고를 한껏 뿐이에요."

"뭐라고? 시녀 주시는 들어라. 그간, 비계가 리나에게 한 짓을 낱낱이 고하거라. 만일 조금이라도 거짓이 있을 시 너도 죽일 것이다."

시녀 주시는 벌벌 떨며, 겁먹은 목소리로 그동안의 일을 줄줄이 말하였고, 비계의 죄가 모두 드러났다.

"네, 거짓 없이 전부 말씀드리겠습니다. 비계 공주님이, 리나 아씨를 엄청나게 폭행했습니다. 칼로 찌르고 오크 장군이 전투 나갔을 때는 겨울날 옷 벗기고 나무에 묶어 채찍으로 때리고 동굴감방에 일주일간 물만 주고 가두었습니다. 그리고 부족 화장실 대변 나르기, 바위산의 동굴 파기, 돌무기 만들기 등 인간으로서 하지 못할 일들을 시키고 매일 머리채를 잡아당기고 때렸습니다."

폴은 치를 떨며 분노가 하늘 끝까지 올랐다.

"천하에 나쁜~, 죄를 뉘우치거나 반성조차 없다니, 너는 인간이 아니구나. 오크에게 강제로 납치당하여 감금당하고, 강제로 원치 않은 아이까지 출산한 것도 원통한 리나에게 이렇게 날마다 모진 짓을 하였다니, 도저히 살려줄 수 없다. 그리고 너의 죽음은 교수형이 아닌 가장 고통스러운 화형으로 처벌하겠다."

폴은 서슬퍼런 명령을 내렸다.

"여봐라, 저 여자를 당장 화형을 시켜라."

폴의 추상같은 명령을 수행하러 전사들은 비계를 끌고 가려고 하는데 비계는 땅에 주저앉으며 버티었다.

갑자기 태도를 바꾸면서 하고 울며불며 손이 발이 되도록 싹싹 빌었다.

"살려주세요! 제가 잘못했습니다."

힘센 전사 5명이 비계를 끌고 나가려고 했는데 비계가 버티니 워낙 무거워서 속수무책이었다. 무려 10명의 전사가 동원되어 비계를 간신히 들고 나가게 되었다. 비계는 처벌이 무서워 부족이 떠나갈 듯이 고래고래 소리를 질렀다.

이윽고 폴의 명령대로 채찍을 가하였지만, 워낙 표피가 두꺼워 큰 고통을 주지 못하였다. 이윽고 집채만한 장작이 쌓이고 중간에 십자 기둥을 세우고 비계를 그 기둥에 묶었다.

그리고 한전사가 불을 붙여 비계를 화형에 처하려고 불붙은 장작을 나무에 붙였다. 비계의 비명과 함께 불이 타오르려는 찰나 이를 지켜본 리나는 외쳤다.

"잠시만요. 저 여자는 나에게 너무도 참혹한 짓을 했기에, 저도 지금 바로 태워 죽이고 싶지만, 원한이 너무나 가슴에 사무쳐 이렇게 쉽게 죽이기에는 너무 원통해요. 비계를 제가 처리할 수 있도록 허락하세요."

"리나야, 비계는 사람 되기는 틀린 것 같으니, 살려두어서는 안 된단다."
라고 말리자, 비계는 큰소리로 애걸복걸하였다.

"왕비님, 살려주세요! 제가 잘못했습니다. 시키는 일 무슨 일이든지 할 테니 제발 목숨만 부지하게 해주십시오."

폴은 리나의 말에 수긍하며 불을 껐다.

"리나, 너의 원한이 그토록 깊으니 비계는 너의 마음대로 해도 좋다."

그날부터 비계는 리나의 노예가 되었다. 그리고 비계가 리나에게 하였던 가혹행위인 화장실 대변통 비우기, 바위산의 동굴 파기, 혼자서 사냥해 온 멧돼지 옮기고 해체하기, 돌도끼와 돌그릇 만들기, 빨래하기, 밥하기, 시중들기, 청소하기 등 과거 그녀가 했던 가혹행위를 그 뚱뚱한 몸으로 이젠 자신이 하게 된 것이다. 서열도 최하위 노예로 시녀 주시에게도 존댓말을 하고 굽실거리는 신세가 되었다.

한때는 죽은 야비의 큰 딸로서 누리던 무소불위한 권력과 부귀영화는 온데간데없이, 그간 지은 죄의 대가로 자신도 지옥을 느끼며 리나의 노예로 탈바꿈된 쓰라린 인생을 살게 되었다.

한편 며칠을 야비의 부족에 머물면서 폴은 큰 고민을 하였다. 포로들을 모두 데리고 아버지 칸이 있는 부족으로 돌아갈 것인가 아니면 자기 부모를 포함한 칸의 부족들을 이곳으로 이주시킬 것인가의 고민이었다.

전사들과 회의를 한 결과 야비의 부족이 강도 가깝고 땅도 비옥하고 벌판도 넓었고, 협곡에 위치해 적의 침입에도 보호가 되는 지형적 특성이 있었다.

그리고 동물의 가죽으로 이미 수천 채의 움막을 지어놓아 특별한 노동 없이도 생활하기에 안성맞춤이었다.

그래서 전사 100명을 보내 칸 부족 전원을 이전시키는 작업을 하게 되었다.

얼마 후 도망간 야비의 전사들이 가족이 있는 부족으로 와서 모두 무릎을 꿇고 머리를 조아리며 폴을 족장으로 모시고 충성을 하기로 맹세를 하였다.

폴은 투항한 그들을 모두 자기 부족처럼 차별 없이 따뜻하게 받아주었다.

어느새 폴의 부족은 1만 명이 넘는 중견 부족으로 성장하였고 아버지에게 족장 자리를 넘겨받았으며 리나와 모두의 축복 속에 성대하고 화려한 결혼식을 올렸다.

그 후, 폴이 발명한 동무기와 동그릇, 동 농기구를 판매하여 실로 엄청난 부를 쌓았다.

폴의 부족이 부유해지고 강하면서도 차별없는 정책을 펴면서, 주변 부족들에게 부러움의 대상이자 존경의 대상이 되었고, 주변 부족들은 정복이 아닌 포용으로 폴 부족에 자진 흡수되었고, 불과 수년 만에, 부족원은 5십만 명으로 늘었다.

당시 원시 부족으로는 찾기 힘든 큰 부족으로 성장하여, 최고로 부강한 부족을 만든 폴은 왕으로 추대되었고, 리나는 인자하고 지혜로운 왕비로서 다수의 자녀를 낳고 행복하게 살았으며, 폴의 연구는 끊이지 않고 계속되었다.

제 2 부

불의 발견과 발명

제1장 위대한 발명 불
제2장 기후에 의한 삼색 인종의 탄생
제3장 발명과 전쟁
제4장 또다른 불의 발명

제 1 장

위대한 발명 불

인류 역사상 가장 위대한 발명이 무엇이었을까? 그 답은 불이다. 인류의 문명은 불에서부터 시작하였고 지금도 불에 의하여 계속하여 발전하고 있다.

1. 불과 인간

호모에렉투스의 탄생과 이동

오스트랄로피테쿠스*가 약 600만 년 전부터 200만 년 전까지 약 400만 년간 존재했다면, 호모에렉투스**는 200만 년 전부터 3만 년 전까지 약 200만 년간 존재한 인류의 조상이다. 종의 기원과 진화[18]는 지구의 기후와 계절 탓에 있다고 볼 수 있다.

서서히 변하는 기후와 계절에 적응하느라 인류는 이동했고 식생활이 달라졌으며 그로 인해 종의 진화가 이루어졌다는 것이다.

흑인종이었던 인류가 북유럽에서 살며 흰 피부와 파란 눈의 백인종이 되는 과정은 기온과 날씨의 영향으로 변화했다는 것이 지배적이다.

우리는 백인종이 유럽인이라고 생각하는데 사실 백인종은 북유럽과 러시아 쪽 계열이다.

러시아·독일·영국·헝가리·폴란드·스웨덴·덴마크 같은 추운 나라의 인류가 백인종들이고, 프랑스·스페인·이탈리아와 같은 중유럽 사람들은 완벽한 백인종들이 아니다.

---

[18] 다윈의 [종의 기원] 즉 "이 세상에 존재하는 다양한 생물종들은 창조된 것이 아니라 다른 종으로부터 생겨난 것이다. 이들은 모두 지금은 멸종된 어떤 종의 후손들이라고 보아야 한다."라는 것이다.

오스트랄로피테쿠스[Australopithecus]*

약 300만 년 전에 생존했던 것으로 추정되는 최고[最古]의 화석 인류·완전한 직립 보행을 했다고 한다.

호모에렉투스**

170만 년 전부터 10만 년 전까지 주로 아프리카와 유럽 일대와 아시아, 시베리아, 인도네시아 등에 걸쳐서 생존하였다. 뇌 용량은 평균 775~1,300 cc로 오스트랄로피테쿠스보다는 크지만 현생 인류에 비하면 훨씬 작다. 두개골은 길고 얇았으며 이마 부분이 작고 턱은 조금 튀어나오고 코는 납작하다. 호모에렉투스는 아프리카를 떠난 최초의 인간으로 주로 수렵 생활을 하였고 언어를 가졌을 것으로 추정되며 불을 사용했다.

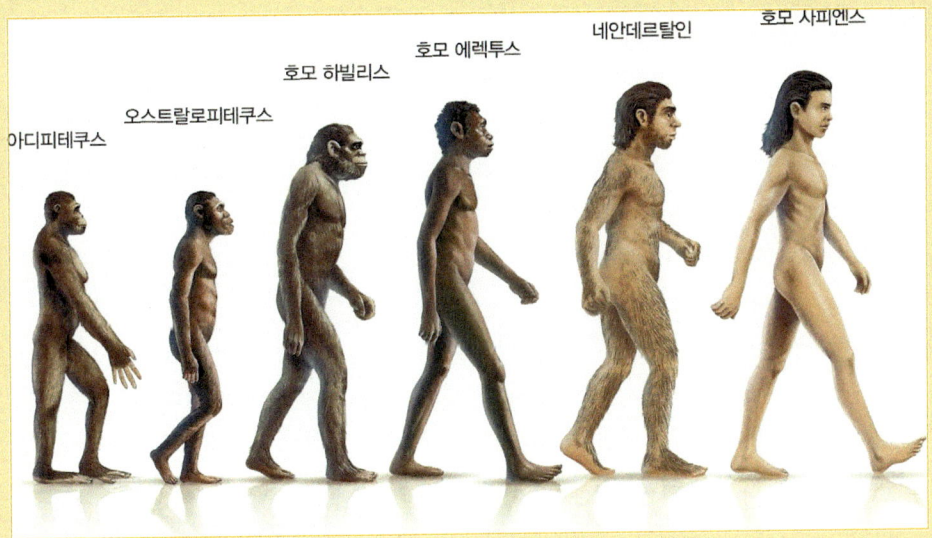

그리고 백인종으로 진화하는 과정은 무려 백만 년 이상이나 걸렸다. 호모에렉투스는 150만 년 전 대규모 이동을 하였고 이들이 아시아에 정착해 북경 원인과 자바 원인이 되었다. 이들의 이동 경로는 10만 년 전, 아라비아반도19)에 도착하고 8만 년 전 유럽과 아시아에 도착한다.

이 중 일부는 자신들의 고향인 아프리카로 되돌아가기도 하며, 6만 년 전 아메리카 대륙에 도착하였다고 전한다. 이들이 이동한 근본적인 이유는 기후변화 때문인데, 급격한 온도 하강으로 발생 된 빙하기 시대를 살아남으려고 이동하게 되었다.

특히 빙하기 시대20)에 집중적으로 이동하였는데 당시 빙하기가 되면서 해수면이 낮아지고 바다가 얼어붙은 베링해협21)을 걸어서 건너기가 쉬웠

---

19) 아라비아반도[Arabian Pen]는 아시아대륙 남서부에 있는 큰 반도로 면적은 약 300만 k㎡에 이른다. 동쪽은 페르시아 만, 오만만, 서쪽은 홍해, 남쪽은 아라비아해, 아덴만에 둘러싸여 있으며 북서쪽에는 사해가 존재하며 북쪽은 사막 지대의 중앙부를 차지한다. 동쪽은 페르시아만과 오만만[灣], 서쪽은 홍해[紅海], 남쪽은 아라비아 해[海]와 아덴만[灣]에 둘러싸여 있으며, 북쪽은 사막 지대로 중앙아시아에서 아프리카의 사하라로 이어지는 대[大]사막지대의 중앙부를 차지한다. 정치적으로는 중앙의 사우디아라비아, 북동쪽의 쿠웨이트, 남쪽의 예멘, 남동쪽의 오만, 동쪽의 아랍에미리트 ·바레인 ·카타르의 7개국으로 나누어져 있다.[두산 백과]
20) 극 지역에서 빙상[氷上]이나 빙하[氷河]가 확대되었던 지질시대 중 한랭한 기후가 나타났던 시대를 말하며, 빙하기와 빙하기 사이에는 간빙기[間氷期]라고 하는 온화한 시대가 있었다.
21) 베링해협 [Bering St] 러시아 연방과 미국의 알래스카 사이에 있는 해협으로 1648년 데지네프[Dezhnev]에 의해 처음 발견되었으며, 1728년 덴마크 베링 대위가 이곳에 도달하였다. 지명은 탐험가 베링의 이름을 따서 붙였다. 베링해 남쪽에는 캄차카해가 있는데 이곳에는 베링이 죽었다는 베링 섬이 있다. 가장 좁은 곳이 70㎞이며, 가장 깊은 곳은 50m로 그다지 깊지 않다. 날짜 변경선이 이 해협의 중앙을 통과하고 있으며, 시속

다. 현재 바다로 가로막힌 산둥반도와 한반도 서해안이 당시 바다가 결빙되고 육지가 됨으로써 걸어서 건널 수 있었던 것이다.

고대 인류는 교통수단이 전혀 없는 상태인데도 불구하고 이동이 매우 잦았고, 머나먼 거리까지 교역한 것으로 알려졌다.

최근 조사에 의하면 동아프리카에 있는 에티오피아[Ethiopia]란 곳에서, 화산이 분출하여 생긴 흑요석22)이란 돌이, 교역을 통해 수천 킬로미터 떨어진 머나먼 아시아까지 이동한 것이 확인되었다.

인류 최초, 최고의 발명은 불

호모에렉투스가 오스트랄로피테쿠스와 다른 점은 몸의 털이 많이 사라져서 장거리 이동이나 장거리 사냥을 했다는 점이다.

8km의 해류가 흐르고 있다. 10월에서 다음 해 6월까지 결빙한다. 과거 미국과 소련 간의 군사 대립 지역이었다.

22) 흑요석[Obsidian]은 자연적으로 화산 분출 때문에 만들어진 화산 유리[Volcanic Glass]이다. 규소가 많이 들어있는 용암이 빠르게 냉각될 경우 만들어지게 된다. 규산염[SiO2]의 무게비가 70~75%로 보통 성분상의 분류로는 유문암이나 조면암에 속한다. 일반적인 화산암과 달리, 흑요석은 규산염 중합[Silica Polymerization]이 극도로 발달했고, 이 때문에 점성이 높아서 광물을 형성하기 위해 요구되는 확산계수가 무척 낮다. 이 때문에 화산암 대부분과는 판이한, 광물이 없는 유리질 조직이 만들어진다. 흑요석은 불순물이나 조그맣게 자란 광물 군집이 섞이지 않으면, 갈색이나 보랏빛이 감도는 [명한] 검은색을 띤다. 유리질이기 때문에 반짝이는 유리 광택 역시 특징이다. 일반적으로 화산암은 규암 함량이 높아지면서 색이 밝아지지만, 흑요석은 예외이다. 이는 규장질 화산암 대부분에서 밝은색을 만들어 내는 요소가 장석과 같은 밝은 광물이기 때문이다. 흑요석은 광물이 존재하지 않는 암석이고, 유리 색상은 미량으로 포함된 성분에 강하게 영향을 받는다. 그래서 흑요석이라도 광물이 섞이면, 하얀색이나 밝은 회색 반점이 생기기도 한다.

몸에 털이 사라졌다는 것은 장거리를 이동해도 땀으로 체온을 조절하는 신체 능력을 갖추게 된 것이다.

참고로 털이 있는 동물들은 5km 이상을 계속해서 이동하기가 어렵다는 것이다. 호모에렉투스는 자신보다 빠른 동물들을 끝까지 추적해서 사냥감이 열을 식히느라 '헥헥' 거리고 쉬는 동안에 사냥을 했다.

지금도 아프리카 부시족 같은 종족들은 아직도 그런 방식으로 사냥을 한다.

호모에렉투스는 인류 최초로 불을 사용한 종이기도 하다.

인류 역사가 처음 펼쳐진 시대를 '석기시대'라고 한다. 주변에 널린 돌을 주요 도구로 사용했기 때문이며 이러한 석기시대는 우리 인류 역사를 통틀어 99% 이상의 시간을 차지하는 엄청나게 긴 시간이었다.

석기시대는 도구를 만드는 방법에 따라 구석기시대와 신석기시대로 크게 분류한다.

구석기시대에는 돌을 단단한 돌로 쳐 깨뜨려 날카로운 조각을 골라 도구로 사용했고 이를 타제석기[23]라고 한다.

---

23) 타제석기: 구석기시대에 사용한, 돌을 깨뜨려서 만든 도구. 가공 대상인 돌에 타격을 가하거나 다른 물체에 부딪혀서 떼어내는 방법으로 만들었다. 뗀석기라고도 한다. 타제석기는 선사시대의 전 기간을 통하여 가장 오랫동안 사용되었다. 특히 구석기시대에는 타제석기가 차지하는 비중이 매우 컸다. 타격을 가할 때 쓰인 망치의 재료로는 돌이나 뿔, 나무 등이 있었다. 뗀석기는 몸돌을 직접 가공한 몸돌석기와 몸돌에서 떼어내어 잔손질한 격지석기로 나눌 수 있다. 대체로 구석기시대의 찍개나 주먹도끼는 몸돌석기이고, 긁개와 밀개·자르개·톱날 등은 격지석기이다.

타제석기의 날카로운 날은 채집과 사냥을 할 때 도움을 주었다. 맨손으로 열매를 따거나 동물을 사냥할 때 훨씬 쉬웠다. 이러한 도구를 점차 사용함으로써 인간은 동물과 전혀 다른 생활을 할 수 있었고, 인류 역사의 발전을 가져오게 됐다.

화산이 폭발할 때, 혹은 벼락이 떨어져 숲에 불이 났을 때, 활활 타오르는 불길을 보며 사람들은 두려움에 떨었다. 애초에 사람들은 불을 아주 무서운 존재로 가까이 가길 무서워했다.

그러다가 폴처럼 우연히 불에 타 죽은 짐승의 고기를 먹어 본 뒤, 불에 구워진 고기가 생고기보다 훨씬 부드럽고 맛있다는 것을 알게 됐다. 그뿐만 아니라 불씨 옆에 있으니 몸이 따뜻해진다는 사실도 깨달았고, 점차 불씨를 동굴로 가져와서 생활하게 된다.

불을 사용함으로써 구석기시대 사람들의 생활은 크게 달라졌다. 무엇보다 추위를 견뎌낼 수가 있었다. 게다가 사나운 맹수도 물리칠 수가 있었으며, 그 덕분에 인간의 수명은 자연히 연장되었다. 그뿐만 아니라 생으로는 먹지 못했던 단단한 껍질을 가진 콩이나 팥, 조, 같은 음식을 익혀 먹음으로써 다양한 맛을 즐길 수 있게 됨과 동시에 불로 구워 음식에 기생하는 유해 세균으로부터 몸을 보호할 수 있게 되었다.

또한, 불은 어둠을 밝힘으로써 야간에도 여러 가지 일을 할 수 있는 조건이 되었다.

불이 있기 전에, 해만 지면 잠자는 것 외에 아무것도 할 수 없었던 인간

들은 불을 피움으로써 밤에도 서로 간의 대화를 비롯하여 바느질, 가죽 다듬기, 연장 만들기, 새끼 꼬기 등 여러 가지 일을 할 수 있게 됐다.

이처럼 불은 인간의 생활방식을 크게 바꾸어 놓았던 것이다.

불은 그리스 신화에서는 **프로메테우스*** 가 자신을 희생하면서까지 신에게 훔쳐서 인간에게 전해줄 만큼 소중한 것이었다. 덕분에 인간은 세상을 지배할 수 있는 강력한 힘을 얻게 되었지만, 신의 왕 제우스에 의하여 프로메테우스는 코카서스[Caucasus][24]의 바위에 쇠사슬로 묶여, 날마다 낮에는 독수리에게 간을 쪼여 먹히고, 밤이 되면, 간은 다시 회복되어 3,000년 동안이나 고통을 겪게 되었다.

그러다가 마침내 영웅 헤라클레스에 의해 독수리가 죽임을 당하고, 자기 자식 헤라클레스의 위업[偉業]을 기뻐한 제우스에 의해 고통에서 해방되었다고 하는 그리스 신화가 있다.

최근 발견된 연구 자료를 보면 과학자들은 아프리카 남아프리카 공화국

---

24) 캅카스는 흑해와 카스피해 사이에 있는 산악지역이다. 러시아, 조지아, 아제르바이잔, 아르메니아 등이 국경을 접하고 있으며 서남쪽으로 튀르키예, 남쪽으로 이란과 국경으로 이어져 있다. 여러 나라가 국경을 맞대고 있고, 고대 교역의 중심지인 흑해와 카스피해 사이인 만큼 주요 요충지였고, 카스피해에서 나오는 유전 덕분에 그 중요성은 더 크다.

북동부 트란스발의 원더워크 동굴[Wonderwerk Cave]이라는 곳에서 인간이 약 1백만 년 전에 불을 사용했다는 증거를 발견했다고 보고했다. 국립과학아카데미 회보 저널에 실린 2012년 연구에 따르면, 그 동굴에서 불에 탄 동물의 뼈와 식물의 재, 불을 때는 아궁이 같은 것을 발견했다고 발표했다. 불은 모든 면에서 혁명적인 수단, 그 자체였다.

불로 인해 인간은 생활 반경을 넓혀 추운 시베리아 같은 불모지 같은 곳에서도 너끈하게 살 수 있게 되었다.

프로메테우스[Prometheus]*

　그리스 신화에 나오는 타이타늄족[族]의 이아페토스의 아들이며 이름은 '먼저 생각하는 사람'이란 뜻이다. 주신[主神] 제우스가 감추어 둔 불을 훔쳐 인간에게 내줌으로써 인간에게 맨 처음 문명을 가르친 장본인으로 알려져 있다.

　불을 도둑맞은 제우스는 복수를 결심하고, 판도라[Pandora]라는 여성을 만들어 프로메테우스에게 보냈다. 이때 동생인 에피메테우스[Epimetheus, '나중에 생각하는 사람'이라는 뜻]은 형의 제지에도 불구하고 그녀를 아내로 삼았는데, 이에 따라 '판도라의 상자' 사건이 일어나고, 인류의 불행이 비롯되었다고 한다. 또한 그는 제우스의 장래에 관한 비밀을 제우스에게 밝혀 주지 않았기 때문에 제우스의 노여움을 산 원인에 관해서는, 제물[祭物]인 짐승고기의 맛있는 부분을, 계략을 써 제우스보다 인간 편이 더 많이 가지도록 했기 때문이라는 설도 있다. 또한 인간을 흙과 물로 만든 것이 프로메테우스라는 전설도 있다.　　출처: 두산 백과 두피디아

2. 불과 함께 발전한 문명

필자는 구석기시대부터 인간이 불을 다룰 수 있게 되면서 인류문명의 기술력이 발전하기 시작했다고 생각한다. 전술하였듯이 인류는 점차 불을 피우는 재료를 바꾸어가면서 불의 온도를 높여나갔다.

이를 통하여 새로운 물질의 무기나 생활용품, 농기구 등의 생산이 가능해졌다.

전술한 폴 부족처럼 동무기를 만들 수 있었던 것은 청동도 중요하지만, 청동을 광석으로부터 추출하는 '온도'를 만들 수 있었기 때문이라고 말할 수 있다.

아래에서 자세히 설명하겠지만, 인류는 제4의 불인 핵융합 발전을 할 수 있는 헬륨-3을 인류의 새로운 에너지원으로 해야 한다는 것이다.

불의 사용으로 기술과 문명도 함께 발전했다. 우연히 폴처럼 돌판을 불에 달구어 여러 가지의 금속을 발견하고, 이를 추출하여 무기와 농기구를 비롯한 생활용품을 만들게 되었다.

불로 요리가 가능해지자 씨앗처럼 소화하기 힘든 것이나 맛이 없거나 쓴 식물, 독성이 있는 식물도 구워서 먹을 수 있으며, 이를 식량으로 '널리 사용할 수 있게 되었다.

불은 인간의 지능과 진화에도 직간접적인 영향을 끼쳤다. 인간의 뇌가 이처럼 발달할 수 있었던 것도 불을 통해 다양한 양질의 음식을 먹을 수 있었기 때문이다.

그리고 청동기시대에서 철기 시대로 넘어갈 수 있었던 것도 다양한 땔감을 발명하여 더 높은 온도의 불을 만들 수 있었기 때문이다.

불이라고 모두 같은 게 아니라 온도에 따라 불은 종류가 참 많다.

통상적으로 불이 진한 빨간색일 때 600~800℃, 노란색일 때 1,100℃, 흰색일 때 1,300~1,500℃, 푸른 빛일 때 1,400~1,650℃로 용암이 밖으로 넘쳐 나올 때 온도는 1,090℃ 정도라고 한다. 그리고 태양 표면의 온도가 6,000℃이다.

지금까지 인간이 만들어 낸 가장 높은 불의 온도는 핵폭탄으로, 폭발 중심부는 3억 5천 만 ℃로 태양보다 훨씬 높다. 그러나 핵폭발의 순간은 아주 짧은 순간에 불과하다.

반면에 모든 불꽃이 섭씨 수백도 이상으로 모두 뜨거운 것은 아니다. 오히려 시원한 불꽃 [Cool flame]을 만들 수도 있다. 연료 혼합물과 공기를 적절한 비율로 잘 혼합하면 120℃에 불과한 불을 만들 수 있다. 그러나 이러한 시원한 불꽃은 오래 지속될 수 없으며 물의 끓는점과 크게 차이 나지 않아 쉽게 꺼지게 된다. 인간은 이처럼 다양한 불을 만들 수 있었기에 눈

부신 문명의 발전이 가능했다.

한편 인간은 뜨거운 불을 다루기 위해서는 여러 가지 생각과 판단이 필요했고, 불이 주는 빛과 온기는 안락함과 신비함 같은 심리적인 영향도 주었다.

그러다가 전술한 폴과 같이 불을 잘 다루는 사람이 등장하면서 그들은 존경과 두려움, 신비로움에 둘러싸인 중요한 존재가 되었고, 집단의 우두머리가 되기도 했다.

고대 그리스의 철학자 아리스토텔레스[BC 384~BC 322]는 불을 과학적으로 정의하면 '연소에 의해 물질이 열과 빛을 내면서 격렬하게 산화되는 현상'이라고 하였다. 불은 물질이 아니지만, 아리스토텔레스는 불을 물, 흙, 공기와 마찬가지로 자연의 기본 4원소라고 생각했다. 이는 동양에서도 마찬가지였다.

아리스토텔레스의 이러한 생각은 18세기 독일의 화학자 슈탈[Georg E. Stahl, 1660~1734]의 플로지스톤설[Phlogiston theory][25]에도 영향

---

25) 플로지스톤설[Phlogiston theory]은 연소 현상을 비롯한 물질의 화학적 성질을 플로지스톤이라는 가연성[可燃性] 물질 원소로 설명하는 이론. 연소설[燃素說]이라고도 하며, 18세기의 유럽에서 유행했다. 파라켈수스 이래의 연금술[鍊金術]의 전통에 따르면, 수은, 황, 염[鹽] 등 3가지의 물질적 원질[原質]이 물질의 모든 성질을 직접적으로 담당한다. 이 중에서 황은 불이나 연소에 관여하는 것으로 보고, 17세기 후반 J. J. 베허가 이것을 비판적으로 계승해「유성[油性]의 흙[Terra Pinguis]」이라고 명명했다. 베허의 생각으로는, 무기적인 물질은「흙」을 본체로 하고, 흙은 3종으로 나누어지는데,「유성의 흙」이 그중의 하나로서, 바로「불타는 황」이라는 것이다. 그는 물질은 이 원질을 지님으로써 색과 가연성을 갖게 된다고 보았다. 금속은 주로 이 3종의「흙」의 변성 과정에서 완성된다는 연금술의 발상이 그 배경이 되어 있다. 출처: [과학백과사전]

을 준다.

플로지스톤은 그리스어로 '불에 타는 것'을 뜻하며, 물질은 재와 플로지스톤으로 이루어져 있다고 주장했다.

앞서 말했듯이 불은 추위와 맹수들로부터 인간을 지켜주었고, 다양한 음식을 먹을 수 있게 해주었다.

이러한 불의 속성 때문인지 인간의 유전자 속에는 항상 불이 빠지지 않고 단 하루도 불을 보지 않고는 살 수가 없다. 우리가 매일 품에 지니는 휴대전화도 사실 화면이 켜지는 것도 내부 패널에 전기를 통하여 LED 불빛이 점등되는 것이며, 이를 구동하는 '리튬이온 배터리'는 [+], [-]를 쇼트시키면 폭발을 하거나 엄청난 불이 발생한다.

우리가 매일 타는 내연기관 자동차의 엔진 피스톤 안에는 연료에 의하여 흡입, 압축, 폭발, 배기, 4행정 하는 불이 있으며 불의 힘으로 자동차가 간다고 하여도 과언이 아니다.

불은 올림픽에도 기본적으로 사용된다. 그리스 헤라 신전에서 채화된 성화는 여러 나라를 돌아 개최국으로 봉송되어 온다. 성화가 경기장에 도착하여 성화대의 불을 점화함과 동시에 올림픽이 시작된다.

축제나, 단체 야영, 캠핑 등에서도 마지막은 장작을 쌓아놓고 불을 붙여 주위에 불을 쬐며 둘러서 있는 캠프파이어를 한다. 모닥불만큼 사람들을 흥겹고 잘 화합하게 하는 것도 드물다.

사람들은 생일을 맞으면 누구나 케이크에 촛불을 켜고 당사자는 입으로 불어 끈다.

국가에서나 지자체에서 축하하거나 기념할 일이 생기면 어김없이 폭죽을 쏘아 불꽃놀이를 하며 사람들의 눈과 귀를 즐겁게 한다. 어두운 밤하늘을 가르며 높이 올라가 화려하게 '팡팡' 터지는 불꽃은 멋지고 아름답다. 이를 보는 사람들의 마음도 더없이 느긋하며 포근해진다.

그러나 이처럼 유익한 불도 화마로 변하면 한순간에 모든 것을 잿더미로 만들 수 있는 것이 불이다.

예를 들어, 필자의 처가 운영하던 명품샵[시계, 가방, 지갑, 액세서리]에 비가 와서, 매장 안으로 들여온 출퇴근 킥보드가 갑자기 폭주하면서 엄청난 불꽃이 일어, 불과 5분 안에 25평 매장 안에 있던 물건이 전소되고 하루아침에 '수십억' 원을 태우고 말았다. CCTV 영상을 복원에서 보니, 마치 다이너마이트가 터진 것 같았고 소화기로는 선혀 진입이 안 되었다. 킥보드 내부에 있던 리튬 배터리가 어처구니없이 스스로 폭발하여 버린 것이다.

2부 불의 발견과 발명

불은 잘 다루면 인간에게 더없이 좋은 존재이지만, 돌변하면 이처럼 그 누구도 막을 수 없는 무서운 존재가 되고, 수많은 사람을 학살하는 불폭탄 같은 끔찍한 무기가 될 수도 있다.

이처럼 인간이 불을 사용하게 되면서 문명의 진보를 이루게 되었다. 그래서 불의 역사가 곧 인류 전체의 역사라고 할 수 있다.

한편 폴이 살았던 석기시대는 구석기시대와 신석기시대로 나누는데 구석기시대의 가장 중요한 자취는, '인간이 돌로 연장을 만들고 불을 이용했던 사실'로서, 인간이 불을 사용했다는 사실은 숯이나 재의 발견으로 증명이 되었다.

처음에는 폴 부족처럼 번개나 벼락으로 일어난 자연적인 불 또는 나무의 마찰로 인한 산불 등을 이용한 것이었다. 그러나 그들은 돌을 서로 부딪치거나 나무토막을 서로 비벼 불을 얻을 수 있다는 것을 발견하게 된 것이다.

그 이후 그들이 불을 다시 끄거나 운반하고, 또 지피는 기술을 알아낸 것은 인류의 역사상 매우 크고 위대한 발명이라고 말할 수 있다.

당시 원시인들은 불을 얻기도 어렵고 보관하거나 운반하기가 어렵다는 것을 알게 되자, 불을 지배하려고 했지만, 그들이 오히려 불의 지배를 받게 되고 말았다.

사람의 지혜가 발달함에 따라 여러 가지 도구를 써서 불을 일으키는 방법을 찾아냈는데, 이유는 불을 생활에 널리 이용하기 위함이었고, 불의 이용과 발명은 인류 문화를 탄생시키는 근원이 되었다.

 불을 비교적 쉽게 얻게 되면서, 때때로 이 불로 인한 화재 같은 피해가 있다고 하더라도 불과 인류의 역사는 불가분의 관계에 있다.

 발명가 폴이 불을 일으키는 데 사용하였던 돌인 부싯돌은, 석영의 일종으로 차돌이라고 하며 아주 단단하고, 백색·회색·갈색·흑색 등 여러 가지 빛깔이 있다. 원시 부족원들은 이러한 부싯돌을 이용하거나 나뭇가지를 마찰하여 불을 얻었다고 볼 수 있다.

 앞서 말했듯이 사람들은 따뜻하게 해주는 불이 처음에는 두려움의 대상이었지만, 어느 날부터 몸과 주변을 따뜻하게 해주는 불 가까이에 모여들고 불을 좋아하게 되었다. 그리고 불을 잘 피우고 잘 다루는 사람이 부족의 리더가 되었다.

 그간 날것으로만 먹던 고기를 익혀서 먹을 수도 있고, 식물도 익혀 먹을 수 있는 화식[火食]이 성행하기 시작되었다.

 이처럼 화식이 인간 진화에 가장 중요하게 영향을 미친 부분으로 뇌가 커진 점을 든다.

 뇌는 인간의 몸무게에서 차지하는 무게가 2.5%에 불과하지만 소비하는 에너지양은 먹는 음식의 5분의 1에 이를 정도로 에너지 소모가 많은 기관이다.

인간이 음식의 질을 높이는 화식 요리 문화를 통해 에너지 소비 효율이 극대화된 신체 구조로 진화한 것이다.

이처럼 음식물을 익혀 먹게 됨으로써 상기한 콩이나 팥 같은 단단한 열매를 그대로 먹을 수 없었던 불 사용 전에 비교하여 굽거나 쪄서 자유롭게 먹게 되었다.

그리하여 음식물의 가짓수가 대폭 늘어났다. 또한, 음식물을 익혀 먹게 됨으로써 사람들의 소화와 건강, 영양분 흡수에서 긍정적인 변화가 일어났다.

그리고 불이나 연기[훈제]를 이용하여 익혀낸 음식물은 날 것보다 상대적으로 오래 보관할 수 있는 크나큰 장점을 가지게 되었다.

또한, 그동안 맹수가 공격할 때 예리하지 못한 돌 무기로는 막거나 싸우기가 힘들었지만 불을 가짐으로써 강한 맹수와도 월등한 위치에서 맞서 싸울 수도 있었다.

자연이 제공하는 음식물만을 이용하던 원시인들은 자연을

정복하기 위한 활동 과정에서 봄에 곡식을 심어 가을에 추수하여 겨우내 먹을 수 있었고, 짐승을 사로잡아 길들이고 기르는 법과 번식법을 알게 되었으며, 점차 목축을 활성화하여 사냥을 안 하고도 사람들에게 양질의 단백질을 공급할 방법을 찾은 것이다.

이뿐만 아니라 여러 가지의 토기를 구울 수도 있어서 음식을 담아 먹거나 보관할 수도 있게 되었으며, 신석기시대에서 청동기시대로까지 쭉 이어질 수 있게 된 것이다.

3. 우리나라 선사시대의 식생활 풍습

우리나라는 아시아 동쪽에 위치하여 남북으로 길게 뻗은 지형을 갖춘 반도로서 지역에 따라 4계절이 뚜렷하여 기후의 차이가 큰 자연조건을 갖고 있다.

또한, 우리 국토는 백두대간을 비롯한 산줄기를 경계로 지역 차이가 뚜렷해 비슷한 위도에서도 서로 기후와 풍토가 달라 특성 있는 향토 음식이 다양하게 발달하였다. 아울러 국토의 삼면이 바다에 접한 까닭에 다양한 수산물이 중요한 음식 재료로 자리 잡았다.

그리고 사계절이 분명한 기후로 음식 재료가 다양하게 산출되며, 재료의 공급이 순조롭지 않은 계절에 대비한 식품의 저장법과 가공법이 발달하였다.

계절의 명확한 구분은 식생활에서 절식[節食]과 시식[時食]의 풍속을 가져왔고, 저장식을 비축·관리하는 습관을 형성하게 하였다.

북한 평양시 상원군 검은 모루 동굴유적

검은모루동굴 유적은 평양직할시 상원군 흑우리에 있는 구석기시대 때 유적이다. 북한의 국보 문화유물 제27호이다. 사람의 뼈와 집터 그리고 코뿔소와 사슴을 사냥해 잡아먹은 동물의 뼈가 발견되었다.

북한 학계는 검은 모루 동굴에서 발견된 사람을 《상원사람》이라고 이름을 붙였다.

지금으로부터 100만 년 전의 유적인 북한의 평양시 상원군 검은 모루 동굴유적을 남긴 구석기시대 사람들은 집단으로 생활하면서 나무 열매를 따 먹거나 풀뿌리를 캐어 식량으로 삼았다는 것이 발견되었다.

당시 한반도의 기후는 지금보다 온화했고 식물들이 잘 자랄 수 있는 환경으로, 다양한 식물들과 짐승들이 많았으며 사냥을 통하여 얻은 동물은 사람들에게 영양가 높고 지방과 단백질이 많은 식품이 되었다.

상기의 검은 모루 동굴유적에서는 말, 멧돼지, 사슴, 동굴곰, 쥐, 토끼, 물소 등의 뼈가 나왔다.

검은모루 동굴

용곡 동굴유적에서는 회색 토끼, 오소리, 너구리, 큰곰, 멧돼지, 고라니, 사슴, 물소, 산양 등의 화석화된 뼈가 나왔으며 당시 사람들은 주로 이런 짐승들을 사냥하여 식생활에 이용하였음을 알 수 있었다.

한편 1977년 5월 평양시 승호구역 화천동에서 당시의 불을 지피던 아궁이 터가 발견되었는데 이 아궁이 재 속에서 타다 남은 짐승 뼈들이 있었다. 이것은 우리 선조들이 늦어도 구석기시대 중기부터는 음식 재료를 익혀 먹었음을 말하여 준다.

식물의 채집과 농사

우리나라의 구석기시대 원시인들의 식량 획득 방법에서 주된 것은 채집이었다. 그들은 생활 과정에서 먹을 수 있는 식물의 열매와 잎, 뿌리 등을 알게 되었으며 그것을 채취하여 먹고 살아 나갔다.

오랜 기간의 채집과정에서 수많은 식용 식물을 부모나 조부들로부터 자연스럽게 알게 되었다. 따뜻한 봄이 오면 땅에 떨어진 씨에서 새싹이 나오고 서늘한 가을이 되면 알찬 열매가 주렁주렁 열리는 것을 보고 한 알의 낟알을 심으면 열배 백배가 늘어난다는 것을 알았다.

그리고 그것을 생활에 적용하며 점차 농사를 지어 나갔다. 원시시대에 우리 조상들이 재배한 작물은 조, 피, 기장, 수수, 팥, 콩과 같은 것이었다.

원시 유적들에서 발굴된 낟알들은 우리 민족이 오래전부터 먹는 문제를 해결하기 위하여 끊임없이 노력하였다는 것을 보여준다.

석기시대의 가축 사육과 수명 연장

구석기시대에서 신석기시대로 넘어오면서 인간은 다양한 토기와 도구를 만들어서 사용했다고 한다.

그중 우리나라 신석기시대의 대표적인 토기는 빗살무늬 토기이며 신석기시대의 사람들은 식물의 삼에서 실을 뽑는 방법을 알아냈고, 삼실을 만들고 그것을 옷감으로 만들었다고 전한다. 뼈로 만든 바늘로 의복도 만들어 입었다.

그뿐 아니라 남녀 모두 조개껍데기로 만든 팔찌와 목걸이, 동물의 송곳니로 만든 발찌 장신구를 착용했다.

이러한 장신구는 자신을 돋보이는 동시에 행운을 비는 상징이기도 했다. 사람들은 팔찌나 발찌를 차고 사냥이나 채집을 나가면서 먹을 것을 많이 얻을 수 있기를 마음속으로 기원했다고 전한다.

우리나라 신석기시대에 길들인 짐승은 돼지, 소, 말 등이었나. 이 시기 유적들인 궁산, 농포, 서포항과 같은 유적지 등에서 개, 돼지, 닭, 말. 소, 돼지, 양의 뼈가 출토되었다.

이처럼 원시시대 주민들은 많은 종류의 짐승들을 길러 영양가 높은 고기와 젖, 기름을 식생활에 이용하였다. 기르는 짐승과 함께 물고기도 주요한 식생활의 하나였다.

삼면이 바다로 둘러싸여 있는 지리적 요건으로 예로부터 우리나라에서 물고기 잡이가 식생활 분야의 한 몫을 차지하게 된 것이다. 지금까지 알려진 전국 각지의 신석기시대 유적들에서는 그물추, 작살, 낚시 등 어구들과 명태, 대구, 청어, 방어, 상어, 고등어, 가자미, 숭어, 도미와 같은 여러 가지 바닷물고기 뼈가 나왔다고 한다.

한편 인류는 청동기를 사용하면서부터 실제적인 현재의 인류가 시작되었다고 말한다. 시대적 상황으로 미루어 볼 때 원시시대 사람들의 평균수명은 대개 10세 전후였을 것으로 추정한다. 그 후 점차 문명의 발전과 함께 인간의 수명도 늘어나게 됐다.

즉, 평균수명이 10세 전후에서 20세로 증가하는 데 몇백만 년이 걸렸다.

AD 19세기 당시 선진국 사람들의 평균수명은 40~45세 사이에 있었다. 즉, 20세에서 40세로 증가하는 데 거의 2천 년이 걸렸다는 이야기다.

그 후 과학과 의학의 발달로 평균수명은 급속도로 증가하였으며, 우리나라 또한 1945

년 해방 당시 35세 전후의 평균수명에서, 현제는 83.6세이며, 전 세계 1위가 일본인데 84.5세로 1년 정도 더 길다. 세계 2위는 스위스, 3위가 스페인, 4위가 이탈리아에 이어 우리나라가 5위이다.

40세에서 80세로 늘어나는 데 불과 100년도 걸리지 않았다는 것을 알 수 있다.

이것은 기적에 가까운 급속한 수명의 증가라 할 수 있다. 이렇듯 우리는 평균수명이 엄청나게 길어지고 있는 시대에 살고 있다.

지난 1970년대, 기대수명은 60살을 겨우 넘는 수준이었다. 장수가 사회적으로 큰 경사로, 60살을 환갑이라 하여 동네가 떠들썩하게 큰 잔치를 하였다. 지금은 70세 고희연을 하는 사람들도 찾아보기가 어려운 세상이다.

국민 10명 가운데 9명 가량은 65살까진 생존하고, 80살 너머까지 살 확률도 매우 높아졌다. 하지만 암과 심장 질환, 폐렴은 여전히 큰 위협이다. 최근 우리나라 10대 사망원인은 암, 심장 질환, 폐렴, 뇌혈관 질환, 고의적 자해(자살), 당뇨병, 알츠하이머병, 간 질환, 만성하기도 질환, 고혈압성 질환 순서로 나타났다.

만약 암을 극복한다면 지난해 출생아의 기대수명은 3.5년 늘어나게 된다. 3대 사인이 모두 시리지는 상황에선 6.3년이나 더 살 수 있다.

한편 원시시대에 수명이 짧은 원인 중에 현대처럼 많은 질병의 영향은 거의 없었을 것으로 생각된다.

실제 원시시대 사람들의 주된 사망원인은 다른 부족과의 전쟁, 가뭄이나 홍수, 추위, 야생 동물과의 싸움, 사고 등으로 대부분 사망했다고 볼 수 있다.

특히 의학이 전혀 발달하지 못해 신생아 및 영아 사망률이 대단히 높았는데, 실제로 아이가 열이 나도 해열제가 없어 결국 사망하게 되는 경우가 많았다는 것이다.

그 후 지금으로부터 8,000여 년 전에 농사짓는 법을 터득하고 나서 원시시대를 마감하게 되었다.

이어 도시화, 산업화가 이루어지면서 평균수명은 서서히 증가했다.

이처럼 우리나라 원시시대 사람들도 식생활에 근본적인 변화를 가져오게 한 것 또한 제1부의 폴에서처럼 불의 발견이었다.

그렇다면 발견과 발명 중 어떤 것이 먼저일까? 앞서 원시시대의 폴 같은 발명가들은 어떤 현상을 보고 거기에서 떠오르는 아이디어를 이용해서 발명한다.

우연히 불이 타는 것을 발견한 뒤 불을 피우는 도구를 발명한 것처럼 이렇듯 우연히 어떤 것을 발견한 뒤 이것을 이용해 훌륭한 발명품을 만들어 내는 경우가 대부분으로, '발견'이 '발명'보다 먼저라고 할 수 있지만 언제나 발견이 먼저인 것은 아니며 어떤 것을 발명한 뒤 그 메커니즘[mechanism]에 숨어 있는 원리나 힘을 발견하기도 한다.

제2장

기후에 의한 삼색인종의 탄생

1. 삼색 인종과 앨런의 법칙

현 인류는 황인종, 백인종, 흑인종으로 크게 삼색 인종으로 분류된다.

인종의 발달순서는 호모사피엔스의 직계 종속인 흑인종이 가장 오래된 집단이다.

그 다음 오랜 세월이 흘러 추운 지방으로 이동한 이들은 기후변화에 따라 수만 년에 걸친 진화에 의하여 점차 백인종이 되었고, 가장 마지막에 황인종이 나타났으며, 흑인종은 99.9% 순수혈통이다.

동물학의 '앨런의 법칙26)'에 따르면, 포유동물의 종은 추운 곳에 사는

---
26) 앨런의 법칙[Allen's rule] : 항온동물의 경우 추운 곳에 사는 것이 따뜻한 곳에 사는 것에 비해 귀, 코, 팔, 다리와 같은 몸의 말단 부위가 작다는 법칙이다. 1877년 J. A. 앨런(Joel Asaph Allen)이 주창했다. 체온을 일정하게 유지하기 위해서는 추운 곳에 살수록 최대한 자신의 체열을 주변으로 발산하지 말아야 하며, 반대로 더운 곳에 살수록 체열을 발산해야 한다. 앨런의 법칙은 이와 같은 원리를 몸의 말단 부위의 크기와 연관지은 법칙이다. 체열을 주변에 발산하는 곳은 밖으로 드러나 있는 몸의 표면적인데 이 표면적이 넓을수록 열을 많이 발산하고, 좁을수록 적게 발산한다. 따라서 추운 곳에

것일수록 신체의 돌출 부분(코, 귀, 꼬리 등)이 작아지고 둥근 체형으로 가는 경향이 있다. 체표면적의 비율이 낮아질수록 체온 유지에 유리하기 때문이다.

예를 들어 열대 지방에 사는 코끼리의 코, 귀, 꼬리는 시베리아의 혹한 지대에 살던 매머드보다 훨씬 크고 넓다. 열대 지방에서는 체표면적이 넓어야 체열을 방출하기가 쉽고, 반대로 한대지방에서는 좁아야 체온 유지에 유리하기 때문이다.

앨런의 법칙은 포유류인 인간에게도 그대로 적용된다. 열대에 사는 흑인종들은 팔, 다리, 손가락이 길다. 백인종도 마찬가지다. 같은 황인종도 동남아시아의 아열대 지대에 사는 남방계 몽골로이드27)의 팔, 다리, 손가락은 추운 북방에 사는 북방계 몽골로이드의 그것보다 상대적으로 더 길다. 우리의 짧은 손가락은 우리가 다른 인종보다 훨씬 추운 곳에서 진화 적응해 왔음을 말해 준다.

사는 항온동물일수록 몸의 말단 부위가 작아야 하며, 더운 곳에 사는 항온동물일수록 말단 부위가 커야 한다.

27) 몽골로이드(mongoloid)는 극북인, 북부(전형적) 몽골로이드(퉁구스 몽골인, 한국인 등), 중부 몽골로이드(중국인), 남부 몽골로이드, 인도네시아 말레이인, 일본인, 에스키모 등으로 나뉜다. 몽골로이드에게서도 중국계 민족과 동남 아시아인을 제외한, 만리장성 이북과 만주·한빈도 등지의 사람들을 '북방계 몽골로이드'라고 한다. 이들은 대체로 누런색에 가까운 피부와 몽고주름, 뻣뻣하고 검은 모발, 광대뼈가 솟은 넓적한 얼굴, 많지 않은 체모, 몽골반점 등의 특징을 갖고 있다. 반면에 아시아대륙의 남쪽과 태평양의 하와이, 폴리네시아제도 등의 남방계 몽골로이드의 경우 눈이 북방계보다 크고 쌍꺼풀이 발달했으며, 호리호리한 몸매에 팔과 다리가 긴 특징을 갖고 있다.

2. 황인종의 특징

황인종은 가장 늦게 탄생한 인종으로 동아시아, 동남아, 말레이인, 폴리네시아, 아메리카 인디언까지 포함할 수 있다.

한국인을 포함한 아시아계 황인종을 가리켜 '몽골로이드'라 부른다. 현생 인류의 조상이 아프리카에서 기원했다고 보는 단일지역 기원설에 따르면 흑인종과 백인종은 약 12만 년 전에, 백인종과 황인종은 약 6만 년 전에 인종적으로 분화됐다고 한다.

그런데 몽골로이드에도 종류가 있다. 북방계와 남방계가 그것이다.

남방계 몽골로이드는 지금부터 4만~2만 5천 년 전 무렵 아시아대륙의 남쪽, 태평양의 하와이와 폴리네시아제도 등에 거주한 것으로 보인다. 이들은 현재의 동남 아시아인처럼 눈이 크고 쌍꺼풀이 발달했으며 팔과 다리가 긴 호리호리한 몸매를 지녔다.

이들의 일부가 3만 년 전쯤에 북쪽으로 이동해 오늘날의 몽골고원, 고비 사막, 티베트 등에 정착했다. 당시 내륙 아시아의 기후는 현재보다 훨씬 추웠다.

새로운 환경에 적응하면서 이들의 신체가 서서히 진화하기 시작했다. 강풍과

추위에 적응토록 눈은 작아지고 체모의 숫자는 줄어들었다.

오늘날 북방계 몽골로이드에 속하는 대표적인 민족은 몽골족, 퉁구스계의 소수민족들, 중국의 신장웨이우얼 지역부터 카자흐스탄을 거쳐 터키까지 퍼져 있는 투르크계(우리 역사에는 돌궐로 기록된) 민족, 일본인들이라고 할 수 있다.

아울러 약 1만 3천 년 전 북방계에서 갈라져 나와 미 대륙으로 진출한 북미의 인디언, 남미의 인디오들도 포함할 수 있다.

이처럼, 빙하기 때 추위를 뚫고 동쪽으로 이동하면서 진화한 우리의 황인종은 털이 적고 팔, 다리가 짧고, 코, 귀, 성기 등의 노출 부위가 작은데 이는 체온 이탈을 막기 위한 것이다.

이처럼 황인종은 춥고 척박한 지형에 살았기 때문에 성장 속도도 매우 느린 편이다.

성장 속도가 늦은 대신, 늙는 속도도 늦어서 흑인종에 비해선 20년, 백인종에 비해선 15년이나 노화가 지연되고 수명도 매우 긴 장점을 가진다.

피부가 황색인 이유는 가장 추운 지역에 살기 때문에 얼음에 반사된 자외선을 막기 위해 진화했다. 실제로 황인종은 같은 조건에서 동상 발병률이 가장 낮다고 한다.

또한, 유일하게 귀지가 고체인 점도 추위 때문이다. 흑인종과 백인종은 귀지가 젤리 형태로 젖어 있다.

그런데 황인종을 보면, 신체 능력으로는 다른 인종에 비하면 약하고, 눈이 크고 오뚝한 콧날 체형에 비하여 작은 얼굴인 서구식 미의 기준과는 매우 다르다. 스포츠 대부분을 보면 황인이 뛰어난 분야는 상대적으로 찾기가 좀 힘들다. 하지만 황인종이 단점만 있는 것은 아니며 황인종으로 장점도 매우 많다.

최근 연구에 의하면, 황인종 중에서도 한국인은 유독 아포크린샘이 매우 적은 유전자를 타고 났기에, 체취가 매우 적다고 한다. 몸에서 나는 냄새인 체취는, 땀샘의 하나인 아포크린샘(Apocrine gland)에서 발생하는 냄새이다.

아포크린샘은 겨드랑이와 귀 등 특정의 부위에만 존재하며, 아포크린샘은 단백질, 지방질, 당질, 암모니아, 피루브산, 노화 색소, 철분 등을 포함한 약간의 점성이 있는 땀을 분비하게 된다. 이 분비액이 피부에 묻어서 세균에 의하여 분해되면, 냄새를 가진 지방산으로 되어 강한 체취가 나게 되는 것이다.

황인종은 추위에 강하다

백인종에 비해 황인종은 체모가 적은 편이기 때문에 추위에 약한 것처럼 보인다.

일반적으로 추우면 반사적으로 모근에 붙어있는 근육인 입모근[28]이 수축해서 털이 곤두서 추위를 막는데 도움을 주며 황인종은 루이스 맥동[29]이 현저하게 나타난다.

추위에 노출되면 다른 인종보다 빨리 피부의 모세혈관이 수축하는 등 추위에 강하도록 진화되어 왔던 것이다.

황인종은 동안이다

40세에서 60세 사이의 동양인들은 비슷한 나이의 백인종이나 흑인종과 비교하면 훨씬 젊고 어려 보이는데, 그 이유가 뭘까?

일단, 황인종은 백인종이나 흑인종에 비하면 성숙 과정에서 신체가 크게 변화되지 않은 채 노화로 이어진다. 실제로 세 인종의 유아기와 성인의 얼굴의 형태를 비교하면 황인종은 다른 인종과 달리 얼굴의 골격이나 형

---

[28] 입모근(立毛筋): 모근에 붙어있는 근육《수축에 의해 털을 꼿꼿이 서게 함》. 모발근(毛髮筋).

[29] '루이스(Lewis) 맥동'이라고 불리는 이 현상은 기온이 어느점 이하로 떨어지면 모세혈관이 수축과 확장을 반복해 따뜻한 혈액을 신체 말단에 공급하는 자동적인 생리작용이다. 추운 환경에 잘 적응해 온 인종일수록 수치가 높게 나타나기 마련이다. 일반적으로 루이스 맥동은 북방계 몽골리언에게 현저하게 나타나며, 유럽인은 불규칙한 반응을 보이고, 아프리카인에게는 전혀 나타나지 않는다.

태가 크게 변하지 않는 점이다.

더욱이 피부 노화도 상대적으로 느리며, 백인종과 비교하면 이목구비마저 뚜렷하지 않은 편이라, 백인종이나 흑인종에 비교하면 확실히 동안으로 보이는 사람이 많다.

지능이 높다

유럽을 비롯한 서구권에서의 황인종에 대한 사고방식 중 하나가, 황인종은 머리가 좋고 게임이나 학업, 특히 수학을 잘한다는 것이다. 유명 학자들이 지난 30여 년간에 걸쳐 2만 명의 현대인 두개골 샘플을 놓고 뇌 크기를 비교한 결과는 황인종의 두개골 평균 크기는 1,415㎤이고 백인종은 1,362㎤, 흑인종 1,268㎤이었다고 한다.

실제로도 IQ가 세계에서 가장 높은 지역이 한국, 싱가포르, 일본, 홍콩을 포함한 동아시아권이며, 미국 내 SAT나 명문대 진학률, 대학원 졸업률, 평균 소득도 가장 높다.

흥미로운 점은 교육환경이 상대적으로 열악하다고 평가받는 북한마저도 지능지수만을 따지면 전 세계 최상위권에 속한다는 사실이다.

다만, 지능은 두뇌 용량 뿐만 아니라 대뇌피질30)의 발달 정도에도 크게 영향을 받으며, 유전 뿐만 아니라 교육환경이나 문화 등 환경적인 요소도

---

30) 대뇌피질(大腦皮質):대뇌 반구의 표면을 둘러싸고 있는 회백질의 얇은 층《많은 주름과 홈이 있음》

크게 작용하기 때문에 무조건적으로 황인종이 지능이 뛰어나다고 속단하기에는 문제가 있다.

3. 백인종의 특징

백인종이 진화한 코카서스 지역은 인류문명의 발상 지역이고 풍요로운 지역 조건을 갖추고 있고 영토가 한정적인 관계로 이를 차지하기 위하여 역사적으로 수없이 많은 전투를 하였다. 이렇게 많은 전쟁을 한 덕에 약한 사람은 죽고 강한 자들이 살아남는 약육강식의 사회가 되었다.

그래서 백인종은 골격이 크고 근육도 강하게 되었고 백인종은 기초에너지 대사량이 다른 인종에 비하여 높은 편이고 대사량이 많은 만큼 탄수화물을 지방으로 저장하는 능력도 굉장히 높아 타 인종과 비교하면 비만으로 갈 확률이 높다.

백인종은 인류 중에 키가 가장 크다. 세계 최장신 국가인 1위 네덜란드의 평균 키는 남성 183.8cm, 여성 170.4cm로 남녀 모두 세계 1위의 평균 키를 자랑하고 있다.

반면에 가장 작은 키는 1위 인도네시아와 호주 사이에 있는 티모르섬의 동쪽 지역에 있는 국가 동티모르로, 남성 평균 키 158.79cm, 여성 평균 키 151.15cm이다.

백인종은 곱슬머리가 주종이며, 털이 가장

많은 인종이다. 햇볕에 그을리면 피부가 붉게 변하고 피부암 환자가 많이 발생한다.

몸에 근육이 가장 많은 인종이며 어금니가 4개나 있다. 3번째 어금니를 사랑니라고 한다. 황인종보다 치아가 8개나 많다.

백인종의 흰색 피부는 멜라닌31) 색소가 적기 때문이다. 금발에 파란 눈이 특징이고 피부가 얇고 멜라닌 생성이 떨어져서 노화가 빨리 진행되고 여드름이 많이 생겨 피부가 좋지 않다.

백인종이 체모가 많다고 하지만 동물들에 비하면 듬성듬성한 수준이기에, 강추위에는 도움이 되지 못하며, 타 인종과 비교하면 유연성은 떨어지지만, 우월한 체격과 힘이 좋다.

아울러 유명 발명가를 비롯하여 학계 관련 연구, 뉴턴의 만류 인력의 법칙, 아인슈타인의 상대성 이론, 피타고라스의 정리 등 우리가 알고 있는 유명한 과학 이론 및 음악 분야 등에 강점을 나타내고 있다.

---

31) 멜라닌(영어: melanin)은 여러 동물의 피부나 눈 등의 조직에 존재하는 흑색 내지는 갈색 색소를 총칭한다. 주로 글로불린과 강한 결합을 이루는 멜라닌프로테인으로 존재하고, 물에는 용해되지 않지만, 알칼리 용액이나 진한 황산에는 녹는다. 멜라닌은 일정량 이상의 자외선을 차단하는 기능이 있어서 피부의 체온을 유지하게 시켜주고 자외선으로부터 피부를 보호해 준다. 또한, 멜라닌의 양에 의해서 피부색이 결정된다. 멜라닌은 사람의 피부색을 결정하는 중요한 요소이다. 비단 피부뿐만이 아니라 털, 눈, 귀, 심지어 뇌에도 존재한다. 피부의 멜라닌은 멜라닌 세포에 의해 생성되는데, 인종에 따라서 멜라닌 발현 유전자가 다르고 이에 따라 멜라닌 세포의 양이 조절되어 피부색이 결정된다. 몇몇 동물이나 사람들은 멜라닌 세포가 적거나 존재하지 않아서 백색증(Albino)에 걸린다. 멜라닌은 작은 분자들의 집합체이기 때문에 여러 가지 종류가 있다. 페오멜라닌과 유멜라닌은 사람의 피부와 털에서 발견되지만, 유멜라닌이 주를 이루고 유멜라닌의 부족이 백색증의 가장 주요한 요인이다. **출처:위키백과**

4. 흑인종의 특징

흑인종의 곱슬머리는 표면적이 넓어서 모발로 인한 열 발산을 최대화해서 열 저항에 적합하다. 아프리카 후손들 머리카락의 가장 도드라지는 특징은 꼬불꼬불하다는 것이다.

곱실거리는 정도를 모경지수로 표현하는데 100에서 숫자가 낮아질수록 곱실거림이 강해진다. 모경지수로 보면 흑인종은 평균 50~60, 백인종은 62~72, 동양인은 75~85이다. 에스키모인 77, 티베트인 80이다. 평균 80 미만이면 곱슬머리가 나타난다.

왜 인류 조상들은 아프리카에서 곱실한 형태로 머리를 진화시켰을까? 모발을 환경에 적응한 산물로 본다면 이해가 쉽다. 아프리카 흑인종의 곱실거리는 모발은 두피와 모발 사이, 모발과 모발 사이에 만들어진 공간 사이로 통풍이 잘돼 땀 배출을 용이하게 하는 장점이 있다.

피부학 분야의 연구에 의하면 한국. 중국, 일본 등 황인종들의 머리카락은 1달에 평균 1.3cm, 백인종은 1.2cm, 흑인종은 0.9cm가 자란다고 한다.

아프리카 후손들의 머리카락이 늦게 자라는 특징도 환경의 산물이라 여겨진다. 뜨겁고 건조한 환경에서 털이 너무 빨리 자라면, 긴 모발로 인해 체온이 올라가고 체내 수분의 배출을 증가시킬 수 있기 때문이다.

또한, 세 인종 중에서 허리선이 가장 높고 다리가 가장 길어서 한걸음에 가장 많은 거리를 움직이고, 근육이 쉽게 생기는데, 그중 지구력을 담당하는 적색근육이 발달하였다.

백색근육과 달리 붉은색을 띠었다고 해서 붙여진 적색근육은 지방을 연소시키는 것이 주된 역할인 근육이다. 장시간에 걸쳐 에너지를 내는 근육이기 때문에 적근을 가진 사람은 탄탄하고 슬림한 몸매의 소유자들이 많다.

적근은 뼈 가까이에 붙어 자세를 만들고, 지속적이고 반복적인 동작을 도와준다. 장거리를 달리는 마라토너 등에서 발달한 근육이 바로 적근이다. 많은 사람이 선망하는 잔근육이라고 보면 되며, 흑인종은 이러한 분포가 엄청 높아서 사냥감을 장기적으로 추격하는 데 최적의 조건을 가진 인종이다.

흑인종은 골밀도가 더 높은 편이고, 엉덩이는 좁고 허벅지가 더 크고 체지방이 적기 때문에 점프력과 단거리 달리기 부문에서 뛰어나다.

2부 불의 발견과 발명

올림픽 육상 경기 종목을 보면 이를 잘 알 수 있으며, 우월한 유연성과 순발력을 요하는 육상, 축구, 권투 등을 보면 쉽게 알 수 있다.

흑인종의 성장 속도는 매우 빨라서 흑인종 아기는 태어난 지 10개월이면 걸어 다닐 수 있다.

단점이라면 빠른 성장에 대한 대가로 가장 빠른 노화 속도, 가장 짧은 수명을 가지고 있다.

흑인종의 피부 또한 적도지방의 강한 태양 빛에 의한 피부의 손상을 막기 위해서 멜라닌이 많은 형태로 진화되었고, 따라서 각종 피부병, 피부암, 피부질환에 가장 강한 내성을 지니고 있다.

그리고 힙합, R&B 등에서 볼 수 있듯이, 흑인종만이 가지는 특유의 목소리와 음감과 리듬감은 다른 인종에 비해 풍부하다 할 수 있다.

5. 황인종, 백인종, 흑인종의 차이점

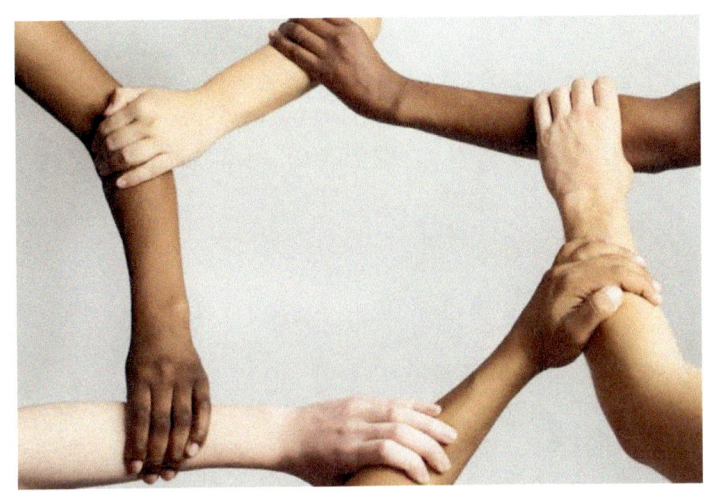

* **임신기간** : 흑인종 38주, 백인종 39주, 황인종 39~40주
* **배란주기** : 흑인종 > 백인종 > 황인종 순으로 짧아짐
* **이란성 쌍둥이 출산율** : 흑인종 16/1,000, 백인종 8/1,000, 황인종 4/1,000
* **신생아가 스스로 머리를 들어 올릴 때까지의 시간** : 흑인종 9시간, 백인종 16시간, 황인종 24시간
* **아기가 첫걸음마를 하는 시기** : 흑인 11개월, 백인종 12개월, 황인종 13개월
* **아동기 골격, 근육 성장 속도** : 흑인종 > 백인종 > 황인종

✱ 10대 청소년들의 무릎반사 실험을 통한 반사 신경력 테스트 : 흑인종 > 백인종 > 황인종

✱ 영구치 생성~완료 시기 : 흑인종 5.8세~7.6세, 백인종 6.1세~7.7세, 황인종 6.1세~7.8세

✱ 치아, 턱의 발달 : 흑인종 > 백인종 > 황인종 흑인종의 경우 4번째 대구치까지 발치하고 흑인종, 백인종의 경우 황인종들보다 치아 개수가 더 많고 크기도 더 크다.

✱ 테스토스테론 호르몬 분비(근육 발달, 공격성) : 흑인종 > 백인종 (흑인종의 90% 수준) > 황인종 (흑인종의 80% 수준)

✱ 평균수명 : 황인종 > 백인종 > 흑인종 동일한 수입, 직종의 인종을 대상으로 한 미국 내 통계

✱ 단순 기억 테스트(숫자를 듣고 그 순서대로 반복하는 식) : 흑인종=백인종=황인종

✱ 논리기억 테스트(숫자를 듣고 거꾸로 기억하는 능력) : 황인종 > 백인종 > 흑인종

✱ 반응 테스트(문제를 듣고 즉각적으로 맞춰야 하는 능력) : 황인종 > 백인종 > 흑인종

6. 우리 조상은 원래 추운 곳에서 살았다

우리 신체의 여러 가지 특성으로 미뤄볼 때 우리의 조상은 추운 곳에서 살며 적응해 왔음을 짐작할 수 있다.

지금도 지구상의 가장 추운 곳에 사는 사람들은 대부분이 북방계 몽골리안들이다. 북극 지역의 에스키모들, 시베리아에 퍼져 살고 있는 퉁구스계 소수민족들, 몽골고원에 사는 몽골인들이 그들이다.

특히 한반도에 한파를 몰고 오는 시베리아 고기압의 고향인 러시아 야쿠트 공화국의 최저 기온은 영하 71.2℃에 이른다. 3월 중순 봄이 온다 해도 이곳의 한낮 온도는 영하 40℃까지 내려간다.

하지만 이곳 주민들은 이런 추위에 아랑곳하지 않고 썰매타기며 얼음낚시를 즐긴다.

웃통을 벗고 차가운 시냇물 속에 맨손을 넣어 물고기를 잡는다. 물론 이들은 오랫동안 체질적으로 추위에 잘 적응해 왔기 때문에 육체적으로 아무런 무리가 없다.

우리 민족의 조상은 북방계의 형질을 획득한 뒤 남하해 만주와 중국 북방 등지에 거주하다가 한반도에 정착하면서 본격적인 농경 생활을 시작한 것으로 추측된다.

7. 아직도 존재하는 지구상 유일한 신석기인 센티널족

세상에서 가장 알려진 게 없는 미지의 섬, 노스 센티널 아일랜드(North Sentinel Island)섬은 인도양 동부 벵골만에 있는 남안다만섬(South Andaman Island)은)으로부터 서쪽으로 30km 정도 떨어진 유인도이다.

서울의 약 10분의 1 정도 크기로 섬은 산호초에 둘러싸여 있다.

이곳에는 일명 센티널 부족으로 불리는 오스트랄로이드(Australoid) 계통의 원시 부족들이 살고 있다.

이들은 6만 년 넘게 외부와 고립되어 있으며 여전히 세상과 아무런 접촉 없이 부족원들은 신석기시대의 원시생활을 그대로 하고 있다.

코로나19 확산 이후 대유행이 시작됐지만 유일하게 노스 센티널 섬은 코로나바이러스가 퍼졌는지조차 알 수 없다.

부족원들은 외부인들에게 무조건 적대석이며 일러진 미에 따르면 방문자가 보이는 즉시 우르르 몰려와서 화살을 쏴대고 창을 던지고 칼로 맹공격을 하며 사람들을 묻지도 따지지도 않고 죽여 버린다고 한다.

그렇기 때문에 여태까지 이 섬을 제대로 탐사한 사람은 단 한 명도 없는 것이다.

그렇다면 인공위성 탐사는 어떠할까? 이마저도 불가능하다. 왜냐면 이 섬은 아주 빽빽하고 울창한 밀림으로 되어 있는데, 인공위성으로 보더라도 그냥 초록색으로 뒤덮여 사람을 찾기가 매우 어렵다. 얼마 전에는 드론을 띄워 관찰하려 했으나 그들은 드론을 보이는 대로 화살로 격추해 드론 촬영도 실패하고 말았다.

그래서 그 안에 사람들이 어떻게 사는지, 생태계는 어떻게 이루어져 있는지, 지형은 어떤지 도무지 알 수가 없다. 그야말로 정말 베일에 싸인 미지의 섬인 것이다.

지구의 유일한 원시 부족인 센티널족의 울창한 밀림 속에는 과연 어떠한 비밀들이 숨겨져 있는 것일까?

수많은 사람이 노스 센티널 섬을 탐험하려고 했지만, 부족원들의 공격성 때문에 알려진 것들이 거의 없다. 지난 몇 년 동안 이 섬에 접근하려고 했던 이들은 비극적인 사고를 당했다.

지난 1974년 섬을 취재하려고 했던 한 방송사 팀이 공격받아 스태프가 숨지는 사건이 발생했고 섬 근처에서 낚시하는 사람 2명도 그들의 공격에 사망하였다.

최근 2018년 선교사인 존은 센티널 족에게 선교하기 위해 여러 가지 선물을 가지고 섬에 들어가게 되었다.

하지만 결국 선교사 존도 그들에게 끔찍하게 살해당하게 되었다.

인도 영토로 포함되는 이 섬을 알아보기 위해 인도 정부가 공무원을 파견했지만, 의사소통 문제로 실패했다.

이후에도 섬에 출입하려는 외부인들이 공격당하는 사건이 끊이질 않고 발생했다.

그나마 모든 사람이 살해되었던 것은 아니었는데, 1991년 판디트 박사는 이들에게 바나나와 코코넛 등을 그들에게 선물하면서 교류에 성공한 사람이었다.

센티널족은 계속된 판디트 박사의 선물에 마음을 조금 열었고 약간의 대화와 생활방식을 보는데 성공한다. 그 덕분에 1997년까지 이 섬을 탐사할 수 있었다고 한다.

그렇게 알아낸 센티널족의 생활사는 대충 이렇다. 이 인간들의 생활 수준은 신석기시대 수준이고 평소에는 돌을 이용해서 물건을 만들지만, 철의 가치는 알고 있어서 바다에서 떠밀려오는 나무에 붙어있는 쇠붙이를 떼어 화살촉 같은 것을 두들겨 만든다고 한다.

인구는 정확히 밝혀지진 않았지만 대충 400명 사이로 추정되고 사회 계급이나 체계, 생활양식 같은 것까지는 깊게 연구하지 못했다고 한다.

이들은 농사를 짓지 않아서 주로 어업으로 먹고살며, 종종 섬에 살고 있는 멧돼지나 큰 도마뱀 같은 것들을 잡아먹으면서 산다고 한다.

그리고 불을 사용은 하지만 스스로 피울 줄은 몰라서, 자연적으로 붙은 불들을 계속 지피고 있다가 불이 필요할 때 사용한다고 한다.

숫자는 둘까지만 세고 그 이상은 그냥 '많다'라는 형용사로 서술한다고 알려져 있다.

그리고 이 사람들은 잎을 엮어서 만든 지붕이 달린 작은 나무집에서 서식하며, 카누 같은 배를 타고 섬 주변에서 물고기를 잡지만 결코 먼 바다로 나가지는 않는다.

그리고 기본적으로 알몸으로 나돌아 다니며, 죽은 가족들의 턱뼈를 몸에 지니고 다닌다고 한다. 성인 남성 기준으로 신장은 대략 160~165cm 정도였다고 한다.

이 센티널족은 센티널이라는 그들만의 독특한 언어를 쓰는데, 다른 어떠한 언어와도 닮은 게 하나도 없는 미지의 언어라고 한다.

이 언어는 얼마나 외부와 동떨어져 있는 언어냐 하면, 91년부터 97년까지 센티널족을 조사하던 조사대가 통역사 역할을 하려고 근처 다른 섬에 사는 옹게족 사람을 데려갔는데, 전혀 소통되지 않았다고 한다.

센티널 섬 근처에 사는 여러 부족 역시 거의 비문명화된 부족에다가 각자의 섬에서 고립된 삶을 살고 있음에도 불구하고 어느 정도 의사소통이 된다는 걸 생각해보면 이 센티널 인들이 외부와 얼마나 단절되었는지 알 수 있다.

그래서 2005년에 인도 정부는 센티널 족들을 더 이상 조사하거나 그들의 삶에 간섭하지 않겠다고 공개적으로 공표를 해놓은 상태다.

현재 노스 센티널 섬은 정부에서 섬과 그 해안 일대에 접근 금지령을 선포하여 공식적으로 접근 금지구역으로 지정이 된 상태이다.

그렇기 때문에 이 센티널 섬과 센티널 인들은 앞으로도 아무도 알 수 없는 미지의 땅과 미지의 인간으로 남을 가능성이 높은 것이다.

제 3 장

발명과 전쟁

앞서 말한 폴의 전사 200명이 하이방에서 야비 부족 전사 수천 명을 학살한 것을 보았을 것이다. 그 이유는 잘 알겠지만, 재래식 돌 무기로 무장한 야비 부족과 신무기인 청동 무기로 무장한 폴족과의 전쟁은 야비족이 이기려야 이길 수 없는 전쟁이었다. 무기의 발명으로 폴 부족과의 일방적인 전투는 역사상에서 차고 넘친다. 만일 야비족도 청동 무기로 무장하였다면 폴 부족 200명은 전멸하였을 것이 불을 보듯이 뻔하다. 폴과 야비족의 전투처럼 무기의 발명으로 일방적인 승리로 끝난 전쟁사는 무수히 많다.

1. 우금치 전투와 신발명 승리의 법칙

우금치 전투[牛禁峙戰鬪]는 1894년 동학 농민 혁명 당시 조선군과 일본군이 연합하여 동학 농민군의 주력과의 교전에서 농민군을 섬멸, 학살한 말도 안 되는 전투이다.

지금껏 알려진 우금치 전투는 공주의 관문인 우금치 일대에서 '고종 31년' 1894년 10월 23일부터 11월 11일 사이에 이루어진 두 차례의 전투 중 2차 전투를 말한다.

교과서에서는 '우금치 전투'라고 하지만, 차라리 '학살'이라는 단어가 더 어울릴 것이다.

전국 각지의 동학 농민32)이 연합하여 결성된 2만여 명의 농민군이 일본식으로 훈련된 교도 중대33) 등 조선 정부의 최정예 부대, 최신식 무기와

---

32) 조선 고종 31년[1894]에 동학교도 전봉준이 중심이 되어 일으킨 반봉건·반외세 운동을 말한다. 이는 1894년 3월 봉건 체제 개혁을 위해 1차로 봉기하고, 같은 해 9월 일제의 침략으로부터 국권을 수호하기 위해 2차로 봉기한 항일무장투쟁을 가리킨다.
33) [敎導中隊] 죄수들을 교화시켜 명예로운 근무 상태로 복귀시킬 임무를 수행하도록 군 교도소에 설치된 단위대.

전술로 무장한 관군과 일본군 연합군이 혈전을 벌였다.

농민군은 병력은 대략 2만여 명, 진압군의 규모는 930여 명으로, 농민군 전력에 비하면 20분의 1도 채 안 되었다.

그러나 우세한 무기와 전술을 갖춘 진압군의 방어선을 결코 뚫을 수는 없었다. 우금치 전투에서의 패배를 계기로 농민군 세력은 급속도로 와해되었고, 동학농민운동의 동력 또한 상실되었다.

우금치 전투는 동학농민운동의 마지막 항전이었으며, 이 결전에서 진압군은 거의 손실을 보지 않은 반면, 정확한 수치는 없으나 약 2만 명에서 많게는 3만 명으로 추측되는 동학도들이, 서양에서 얼마 전 발명된 기관총의 총탄과 포탄에 끔찍한 죽임을 당하였다고 전한다.

관군과 일본군 연합군과 비교하면 농민군은 화력에서 절대적으로 열세였다. 관군 본대에 배치된 야포와 개틀링 기관총, 저격 총과 같은 신식 무기로 무장한 진압군과 달리 농민군은 관군에게서 노획한 조총과 소수의 화기로 무장했고, 그것조차 없이 죽창이나 농기구를 가진 사람이 대다수였다. 동학 농민군이 보유한 무기들의 사정거리는 당연히 짧았다. 당시 농민군이 보유한 조총의 살상 거리는 겨우 100~200m 정도밖에 되지 않았다.

당시 학살의 주범인 개틀링 총은 500m 거리에서 압연강판 69mm 정도, 1,000m에서 38mm 정도를 관통하는 엄청난 성능을 가졌다. 그리고 탄환 속도는 음속의 3배에 육박한다. 분당 최소 600발을 발사할 수 있었다. 이러한 개틀링 기관총을 관군과 일본군 연합군이 다량 보유했으므로 도저히 싸움의 상대가 되지 않았다. 일제 침략에 항거하고 노비와 같은 신분제도의 부당함을 외치는 자국민에게, 이런 살상 무기를 썼다는 것은 도저히 이해할 수 없는 행위였고, 이는 단체 총살에 지나지 않는다.

농민군과 진압군의 격전지였던 공주 삿갓재와 승주골에서는 죽은 사람이 너무 많아 흙만 덮었고, 그 일대는 전부 무덤으로 주민들이 동원되어 3년에 걸쳐 농민군 시신을 치웠다고 한다.

2만여 명의 농민군 중 공주 우금치 일대에서 1, 2차의 격전을 치르고 생존한 사람은 겨우 5백여 명에 불과했다. 농민군 전력의 핵심을 이루고 있던 녹두장군 전봉준34) 부대는 우금치 전투를 계기로 급격히 쇠퇴하였다. 농민군은 더 이상 연합 전선을 형성하지 못한 채 와해되었고, 이후 지역별 항쟁만 간헐적으로 발생하는 수준에 그치고 말았다.35)

이러한 기관총은 수적 열세를 만회하고 적의 사기를 꺾는 무시무시한

---

34) 전봉준 [全琫準] 조선 후기 동학 농민 운동의 지도자[1855~1895]. 초명 · 자는 명숙[明叔]. 호는 해몽[海夢]. 고부 군수 조병갑의 수탈에 항거하여 동학 농민 운동을 일으켜 맹위를 떨쳤으나, 관군과 일본군에게 패하여 이듬해에 처형되었다.

35) 출처:[박맹수, 정선원,『공주와 동학농민혁명: 육성으로 듣는 공주와 우금티의 동학 이야기』, 모시는 사람들, 2015, 137쪽에 수록된 오성영 구술[2003.2.20., 2004.10.23.]

발명품이었다.

이처럼 대부분의 동학 농민군은 싸워보지도 못하고 상기의 폴 부족과 야비 부족의 전투에서처럼 전진하다가 몰살당하고 만다. 비교할 수 없는 무기의 차이로 군사의 수는 쪽수에 불과한 어쩔 수 없는 결과였다. 같은 전력과 무기로는 쪽수는 불변이다.

그러나 '신발명 승리의 법칙'에 의하여 쪽수는 숫자에 불과했다.

만일 농민들에게도 기관총을 줬다면 역사 수레바퀴의 방향은 새로운 곳으로 굴러갔을지도 모른다.

2. 짐바브웨 전투

1893년 10월 25일에 짐바브웨[Zimbabwe]에서 영국군에 대한 원주민의 항거가 벌어졌는데, 대규모 마타벨레36) 전사 5,000명이 공격을 한 것이다.

당시 영국의 남아프리카 주둔 영국군 50명은 이들과 즉각 교전을 벌였다. 마타벨레의 군대는 아프리카식으로 훈련된 군대였고 모두 소총으로 무장을 했고 기마부대가 대부분이었다. 그러나 이에 반해 신형 맥심 기관총을 가지고 있던 영국군은 병력의 열세에도 불구하고 이 전투에서 마타벨레의 군대 2,000명을 사살하였다.

영국군 피해는 단 4명이 소총에 맞아 사망하였다고 전한다. 이 전투 이후에 맥심 기관총의 효율성이 증명되었고, 식민지에서 일어난 전투에서는 필수적으로 맥심 기관총이 사용되었다.

---

36) 제1차 마테벨레 전쟁은 현재의 짐바브웨에서 1893년과 1894년 사이에 일어났다. 영국 남아프리카 회사가 은데벨레 왕국에 대항한 전쟁으로, 당시 은데벨레 국왕 로벤굴라와 그의 자문들은 자신들의 마타벨레 임피 [은데벨레의 전사 집단]들이 유럽에서 온 무기들의 파괴력에 이길 수 없다고 판단하여 일찍이 남아프리카 회사와의 전면전을 피하려고 하였다. 로벤굴라는 최대 80,000명의 창병과 마티니-헨리 소총으로 무장한 20,000명의 소총수를 소집할 수 있었으나, 부족한 군사 훈련으로 효과적으로 운용되지 못하였다. 당시 영국 남아프리카 회사는 운영할 수 있는 사내 경찰력이 750명 미만이었으나, 추산 불가능한 식민지 내 자원병들과 700명의 츠와나인 동맹군이 함께 전쟁에 참전하였다.

4정의 맥심 기관총을 보유한 불과 50여 명의 영국군 경비대가 무려 5천여 명의 원주민의 공격을 막아내었다. 한마디로 학살이었고 이것은 제1차 대전의 비극을 예고하는 전주곡이었다.

3. 옴두르만 전투

옴두르만 전투는 영국과 이집트의 연합군이 수단을 정복하던 영국군 총사령관 허버트 키치너와 이슬람 국가의 수단군 사이에 벌어진 전투이다. 이 전투는 1898년 9월 2일 수단 옴두르만에서 북쪽으로 11km 떨어진 케레니란 곳에서 벌어졌다.

나일강변 제방인 옴두르만 사막에 거주하는 근본주의 이슬람 세력[37]과 대영제국의 병사들이 '문명의 충돌'을 벌였는데, 수단군 5만 2,000여 명은 전통대로 검은색과 녹색, 흰색 깃발 아래 5마일에 달하는 행렬을 이루며 영국군 700명을 향해 맹렬하게 돌진했다.

수단군이 역사상 최강 제국 영국 정규군에 정면으로 도전한 이 전투는 잔혹한 학살극으로 마무리됐다. 수단군이 영국군에 비해 수적으로 절대 우위에 있었지만, 영국의 맥심 기관총 앞에 최소 1만여 명이 몰살됐다.

---

37) 무함마드의 가르침과 쿠란, 하디스의 구절에 따라 무슬림과 비무슬림을 가리지 않는 샤리아의 강요, 범이슬람의 정치적 연합을 목표로 삼고 모든 비이슬람 요소와 자유주의, 세속적 가치, 사상과 타 종교에 대한 불관용과 탄압, 배척을 강조하는 일련의 이념들을 지칭한다.

키치너가 지휘하는 영국군 700여 명은 몰려드는 아랍 기병대를 바라보고 있다가 사격장에서 사격 연습을 하듯 했다. 유효사거리에 들어온 적군에게 맥심 기관총을 난사했다. 맥심 기관총과 마티니-헨리 라이플, 첨단 통신장비와 배후 나일강에 정박한 군함 함포의 지원을 받은 영국군에 비하여 구식 머스킷총38)과 창, 칼로 무장한 수단군은 손 한번 써보지 못하고 무참하게 학살당했다.

당시 전쟁에 참여했던 청년 윈스턴 처칠39)은 수단군의 용맹함에 큰 인상을 받았으며 당시 전투에 대해 다음과 같이 기술하고 있다. '맥심 기관총'40)이 불을 뿜으면서 총열을 식힐 물이 동날 지경이었다. 기관총의 탄창이 비어서 땅에 떨어질 때마다 적군의 시체가 수북이 쌓였다. 전투

---

38) 화승형 머스킷 총은 몇몇 국가들에서 수십 년 동안 표준 보병대 무기로 자리 잡아 왔다. 머스킷 총은 80~100m 거리의 사람 크기 목표물에는 상당한 적중률을 보였으나, 200m 거리에서는 적중률이 사실상 없다시피 했다.

39) 영국의 정치가 제2차 세계 대전이 일어났을 때 영국의 총리로서 영국군을 지휘하여 독일의 히틀러가 전 유럽을 지배하려는 것을 막았다. 전쟁 경험을 바탕으로 쓴 [제2차 세계 대전]으로 노벨 문학상을 받았다.

40) 영국의 발명가 하이럼 맥심[Hiram Stevens maxim, 1840~1916] 경의 이름을 따온 기관총으로, 최초의 자동 발사 기관총이다. 현대적인 기관총의 개념을 정립한 혁명적인 무기이며 전상의 양상을 바꾼 역사적인 기관총으로 평가된다. 기관총뿐만 아니라 모든 자동 화기들의 원조이다. 뒤에 나온 자동소총, 자동권총, 기관단총 등도 결국은 맥심 기관총의 개념을 응용해서 만들어진 무기들이다. 다만 여러 개의 총신을 이용하며 외부의 동력[초기엔 동력, 이후에는 모터]으로 격발/재장전/탄피 배출이 되는 개틀링 방식의 M61 기관포, M134 미니건 등은 예외이다.

기간 내내 총알이 적군의 살을 뚫고 들어갔고, 그들의 뼈를 부수고 갈가리 찢어 놨다. 피가 상처로부터 콸콸 쏟아져 나왔고, 포탄과 총탄의 굉음과 먼지 속에서 그들은 고통받고 신음하며 죽어갔다. 우리에게 달려들던 적들은 엉켜서 산무더기처럼 쌓였고, 후방에 있던 적들은 공포에 질려 멈춰 선 뒤 산산이 흩어졌다.'

옴두르만 전투의 희생자 중 95%는 수단군이었고, 전 병력의 최소 5분의 2 이상이 사망했다. 반면 영국군 사망자는 40여 명에 불과했다. 영국은 옴두르만 전투에 대해, '과학기술이란 무기로 야만에 대적한 가장 상징적인 승리'로 평가했다. 이처럼 기관총이 발명되면서 침략군은 소수의 병력으로 식민지 개척을 위한 부족 사냥에 나섰다.

한편 1891년 프랑스군 300명은 아프리카 서해안에 위치한 포르토노보[Porto-Novo]곶에서 두 시간 반 동안, 2만 5,000발의 탄환으로 폰족41) 군대를 패배시켰고, 2차례에 걸친 치열한 전쟁을 벌인 끝에 결국 멸망시켰다.

또한, 1897년 유럽인 32명, 아프리카인 507명으로 구성된 병력이 나이지리아 누네 족 3만 1,000명의 병력과 싸워 이겼다. 1899년 차드에서는 300명의 식민 군이 1만 2,000명의 현지 병력과 대항해 승리했다.

아울러 헨리 모턴 스탠리[Henry morton Stanley, 1841~1904]라는

---

41) 서아프리카 베냉 남부에 사는 흑인종 부족. 베냉 인민 공화국의 정치와 경제, 행정을 이끄는 지배적인 부족으로, 에웨 방언을 사용한다. 주로 옥수수, 카사바, 마 재배를 중심으로 하는 농업이 발달하였으며, 야자에서 추출한 팜유가 중요한 교역 품목이다. 일부다처제의 사회이며, 여자들은 공동 거주 지역 내에 있는 각자의 집에서 자식들과 함께 산다. 조상 숭배가 이루어져 왕권과 국가 체계 등 사회 계층을 지탱한다.

영국인은 19세기 말, 아프리카에서 실종된 또 다른 탐험가 데이비드 리빙스턴과 나일강의 수원인 빅토리아호를 발견한 대 탐험가로 알려져 있다.

1877년 그는 아프리카 동부에서 서부로 횡단하며 빅토리아호 기슭에 있던 마을 주민들과 종교 문제로 시비가 붙게 되었는데 활과 창으로 무장한 원주민과 대항할 별다른 무기가 없는 그의 일행은 싸움에서 1명의 사망자를 내고 도망을 쳤다.

스탠리는 몇 달 뒤 영국으로 돌아와 2정의 기관총을 구매하였고, 다시 돌아가 기관총으로 250명의 주민을 학살했다.

당시 아프리카에 주재하던 영국 영사는 이 사건에 대해 '한 번도 총소리를 들어보지 못한 원주민들에게 현대식 무기를 무모하게 사용한 사건, 아프리카 발견의 역사에 유례를 찾아볼 수 없는 사건'이라고 했다.

그리고 만주와 우리나라를 식민지화하기 위해 벌였던 러시아와 일본의 전쟁에서도 기관총은 위력을 발휘한다. 1904년 러일전쟁 시, 돌격전 중심의 일본군이 러시아군이

2부 불의 발견과 발명　243

사용한 맥심 기관총에 1만 5,000명이 전사하고 4만 5,000명이 부상당하기도 했다. 이렇듯 기관총은 여러 면에서 인류의 역사를 바꿔놓은 잔인한 발명품으로 인정받는다.

비단 전쟁의 역사뿐이 아니다. 기관총과 더불어 수탈의 역사, 야만의 역사, 학살의 역사, 식민 제국주의의 역사가 활짝 펼쳐지게 되었다.

살육 무기인 기관총의 원조는 '리처드 조던 개틀링'이라는 사람이, 미국 남북전쟁이 한창이던 1862년에 개발한 것이 시초이다. 당시 리처드 조던 개틀링이 발명한 개틀링 기관총은 페달을 밟아 총을 쏘는 방식이었고, 무게가 무거워 수레에 부착하여 사용하였다.

이런 개틀링 기관총은 최초의 현대식 기관총인 맥심 기관총이 등장하고 나서 퇴장했지만, 아직도 전투기나 헬기에 부착되어 공대공, 공대지로 사용되거나 함선이나 지상에 배치되어 대공 무기로도 사용된다고 한다.

현대식 기관총은 '하람 스티븐슨 맥심'이 1883년 발명한 수랭식 총으로 그의 이름을 따서 맥심 기관총이라는 이름을 붙였다.

그는 기관총의 작동 방식에 대한 특허권을 받았고, 영국에서 오랜 시간 동안 표준 기관총의 대명사로 불리었다. 맥심은 말년에는 발명과 연구, 실험하는 동안 총소리를 너무 오래 들어서 청력이 손상되었고, 심각한 귀머거리가 되었다고 한다.

유럽 열강들은 이러한 현대적인 살인 무기를 발명함으로써 놀라울 정도로 적은 비용으로, 빠른 시간 내에 아프리카와 아시아를 식민화해 나갔다.

제 **4** 장

또 다른 불의 발명

1. 제2의 불 전기

마이클 패러데이는 전기와 매우 관련이 깊은 사람이다. 제2의 불인 전기를 발명했기 때문이다. 패러데이는 요즘 말로 흙수저 중 흙수저로 태어났다. 하지만 지금 인류가 누리는 현대문명은 모두 그 덕분이라 해도 과언이 아니다. 아인슈타인은 생전에 패러데이를 매우 존경해서 그의 연구실 벽에는 항상 패러데이의 초상화가 걸려 있었다고 한다.

패러데이는 1791년 런던 근교인 뉴인턴버츠에서 한 대장장이의 아들로 태어났다. 먹고 살기 힘들었던 그의 아버지는 그가 12살이 되던 해에 가난을 피해 런던으로 이사했다.

패러데이는 한 서점 제본소에서 점원으로 일하기 시작했다. 서점이라 책을 접할 기회가 많았다. 틈만 나면 책을 읽고, 강연을 들으러 다니고, 화학실험도 했다.

패러데이는 서점 고객들을 통해 영국 왕립협회 위원을 알게 됐다. 그가 패러데이에게 험프리 데이비의 강연 표를 주면서 패러데이와 데이비의 인연이 시작된다. 강연이 끝나고 집으로 돌아온 패러데이는 강연에 도취해 과학 공부를 계속하고 싶다는 열망에 사로잡혀 데이비에게 편지를 쓴다.

패러데이의 편지를 받은 데이비는 그의 비범함을 알아봤다. 후대 사람들은 데이비가 당대 최고의 과학자였지만 그를 더 유명하게 만든 건 패러데이라는 천재를 알아보고 그를 채용한 일이라고 말한다.

패러데이는 데이비를 도와 여러 가지 실험과 연구를 해나간다. 패러데이는 물리와 화학 모든 분야에서 뛰어난 재능을 보였다. 일반인에게 패러데이는 물리학자로 알려졌지만, 그는 뛰어난 화학자이기도 했다. 케쿨레가 꿈속에서 뱀이 자기 꼬리를 무는 꿈을 꾸고 벤젠을 발견했다고 알려졌는데, 벤젠을 가장 먼저 발견한 사람도 사실 패러데이다. 그의 가장 큰 업적은 단연코 전기를 발명한 일이다. (출처 : 나무위키)

발견이란 용어는 미처 찾아내지 못하였거나 아직 알려지지 아니한 재화[42]나 현상, 사실 따위를 찾아내는 것을 말하며, 이미 세상에 존재하지만, 관련성이 없는 것을 처음으로 발견하거나 발견하는 행위를 의미한다. 새로운 사건, 행동, 현상 또는 추론에 대한 조사이며, 발견은 아이디어, 협업 또는 이전 발견에 의존한다.

이에 반하여 발명의 'Invention[인벤션]'은 라틴어로 '생각이 떠오르다'를 뜻하며, 독일어의 'Erfindung[에르핀둥]'은 '발견한다.'라는 의미를 포함한다.

발명은 과학과 기술을 발전시키는 한 요소로서 발견과 함께 쓰이는 말이지만, 물질적 창조라는 점에서 인식과 관련되는 발견과는 구별된다.

오늘날 발명은 특허제도[特許制度]라는 법체계 속에서 그 소유자의 권리가 사회적으로 인정되고 있다.

따라서 특허권[特許權]을 얻을 수 있는 발명의 기본요건은 다음과 같다.

① 자연법칙[自然法則]을 이용한 것이어야 한다.
② 기술적 사상[思想]이 반영된 것이어야 한다.
③ 창작[創作]적인 것이어야 한다.
④ 고도성[高度性]이 인정되는 것이어야 한다.

---

[42] 사람의 욕망을 만족시키는 물질

그 외에도 산업상의 이용가능성[利用可能性]과 신규성[新規性] 및 진보성을 요건으로 들 수 있다. 이러한 발명에는 ① 물건의 발명, ② 방법의 발명, ③ 물건을 생산하는 방법의 발명 등이 있다. 이미 존재하지만, 결코 인식되지 않은 것을 탐색하고 탐색하는 행위는 발견[Discovery]으로 알려져 있다. 다른 한편으로는, 전에는 존재하지 않았던 자신의 아이디어와 함께 창작 또는 디자인하는 것은 발명으로 알려져 있다.

디스커버리는 아직 알려지지 않은 것을 의미하며 발명은 발견을 통하여 무언가를 발전시키는 발명이라고 말할 수 있다. 특허는 발명에만 적용되고 발견에는 적용되지 않는다.

발견보다 발명이 먼저 이루어진 예는, 바로 제2의 불인 '전기'의 발명으로서 수많은 발명이 가능했으며 전기의 원리는 많은 과학자의 노력으로 밝혀졌다.

그 결과, 1831년에 영국의 과학자 마이클 패러데이[43]가

---

43) 마이클 패러데이[michael Faraday], 영국의 화학자, 물리학자로 벤젠 발견 등 실험화학상 뛰어난 연구를 하였고, 물리학의 전자기학 부문에서 여러 가지 전기의 동일성을 간파, 보편성을 가진 통일 개념으로서의 전기를 제창하였다. 그 외 '패러데이 암흑부', '패러데이 효과', 반자성 발견 등 중요한 공헌이 많다.

자석의 힘을 전기로 바꾸는 방법을 발견했으며, 사람들은 전자기 유도현상으로 전기를 발견한 패러데이에게 전기를 어디에 쓰겠냐고 물었다.

패러데이는 지금 막 태어난 갓난아이에게 그 쓸모를 묻는다는 건 어리석은 짓이지만 머지않아 영국의 모든 가로등이 전기로 대체될지도 모른다고 말했다. 1870년 독일의 지멘스44)는 전기를 만들어내는 발전기를 발명했고, 1880년에는 에디슨이 전구를 발명했다.

그리고 1887년에는 우리나라 경복궁에서 최초의 전등이 밝혀졌다.

인류사적 주요 발견과 발명

* 불의 발견 및 발명
* 석기, 청동기 및 철기의 발견 및 발명
* 문자의 발견 및 발명

---

44) 지멘스[Siemens AG]는 독일 베를린, 뮌헨, 에를랑겐에 본사를 두고 있는 세계적인 전기·전자 기업이자 유럽에서 가장 규모가 큰 기술 회사다. 1847년 10월 과학자이자 발명가인 지멘스는 기계공인 할스께와 함께 지멘스 할스케사를 설립했다. 설립 초기에는 전신기를 제작해 부설하는 업체였다. 회사 이름은 창업자들의 이름을 따서 지었다. 1848년 베를린에서 프랑크푸르트에 이르는 500㎞ 구간에 전선을 놓았다. 이것은 당시 유럽에서 가장 긴 전선이었다. 1850년 지멘스의 동생인 칼 빌헬름 지멘스가 지멘스할스케사의 영국 자회사를 맡았다. 과학자였던 빌헬름이 발명한 것 가운데 대표적인 것은 '평로법' 이다. 평로법으로 산업용 기계와 철도 레일, 그리고 에펠탑을 짓는 강철을 만들 수 있었다. 1850년대에는 러시아 전역을 연결하는 전신망 사업을 진행했다. 현재 200여 개국에서 약 38만 명의 직원이 산업재, 에너지, 헬스케어, 운송 분야에서 일하고 있으며 많은 자회사를 두고 있다. 프랑크푸르트 증권거래소에 상장된 기업이며 2001년 뉴욕증권거래소에 주식을 상장했다.

* 종두법의 발견 및 발명

* 증기기관차의 발견 및 발명

* 전기의 발견 및 발명

* 원자폭탄의 발견 및 발명

* 피임약의 발견 및 발명

* 세탁기의 발견 및 발명

* 컴퓨터의 발견 및 발명

* 인터넷의 발견 및 발명

* AI 및 로봇의 발견 및 발명

"창의력과 상상력이 지식보다 더 중요하다."

2. 제3의 불 원자력

제2차 세계대전에서 1945년 8월, 일본의 히로시마와 나가사키에는 인류가 만든 가장 강력하고 가장 무서운 무기가 투하된다.

미국이 히로시마와 나가사키에 각각 '리틀보이'와 '팻맨' 두 개의 원자탄을 투하하며 도시는 순식간에 초토화가 되어버린다.

상공에서 터져 버섯 모양의 구름을 만들며 수많은 사람의 목숨을 앗아갔고 모든 것이 순간에 사라져 버렸다. 히로시마와 나가사키는 폐허가 되어버렸다.

1945년 원자폭탄이 투하되기 7년 전, 독일은 나치의 집권으로 점점 전쟁으로 치닫고 있었고, 독일에서 활동하던 수많은 지식인이 외국으로 망명을 하고 있었다. 그러는 와중에 과학자들 사이에 큰 이슈[45]가 생긴다.

독일의 물리학자이고 노벨 화학상을 받은 '오토 한'이 동료인 '플리츠 슈트라스만'과 함께 핵분열을 성공시킨 것이다. 핵분열은 원자의 중심에 있는 원자핵에 중성자[전하가 중성인 입자]를 쏘아 충돌시켜 두 조각으로 깨트리는 것이다.

그런데 이 핵분열을 일으키면 막대한 양의 에너지가 방출되어 사람들은 이 에너지를 이용하여 전기를 발전시킬 수 있을 거로 생각했다. 그의 발견

---

[45] 논의의 중심이 되는 문제. 논점. 논쟁점.

은 엄청난 발견이었고, 그의 발견으로 인류 역사에 또 한 번의 큰 변화가 찾아왔다.

오토 한의 핵분열 실험은 새로운 에너지 생산의 가능성을 보여줬다. 하지만 이내 독일의 나치는 전쟁을 일으켰고 독일의 과학자들을 모아 일명 '우라늄 클럽'을 형성해 핵분열을 이용한 원자폭탄을 제조하게 시킨다.

하지만 발명은 끝내 성공하지 못하고 원자폭탄의 존재는 말도 안 되는 존재라고 생각하는 중, 미국은 원자폭탄을 완성하여 일본에 원자폭탄을 투하한다.

미국은 4년간 18억 달러라는 천문학적인 비용을 들여 맨해튼 계획을 진행했고 결국 원자폭탄을 만드는 데 성공하였다.

이 맨해튼 계획에는 18억 달러[2조 2,302억 원, 현재 화폐가치 200조 이상]와 약 2만 명의 인력이 투입된 만큼 결과 보고가 필요했었다. 그래서 트루먼과 맨해튼 계획에 참여했던 연구진들은 일본에 원자폭탄을 투하하여, 얼마만큼의 피해를 줄 수 있는지를 확인하는 것이 과제 중에서 과제였다.

미국은 원자폭탄 투하 이후 히로시마와 나가사키로 전문가를 보내 원자폭탄의 피해 규모를 조사했는데, 이 정도로 큰 피해를 줄지는 몰랐다고

2부 불의 발견과 발명

한다.

그리고 맨해튼 계획을 진두지휘한 '오펜하이머 박사'는 '나는 파괴의 신'이 되었다는 말을 남기며, '다시는 이런 일이 발생해서는 안 된다'라며 인류에 경고하였다.

오토 한의 핵분열을 이용해서 원자폭탄을 미국이 먼저 제조에 성공한 것이었으며 2발의 원자폭탄 투하로 일본은 항복하였고, 결국, 원자폭탄은 전쟁을 종식시켰다.

이러한 원자력[原子力]은 에너지 중 하나로 원자핵의 반응을 이용하여 만드는 에너지로서 '제3의 불'이라는 별명으로도 불린다. 법률에서는 '원자핵 변화의 과정에 있어서 원자핵으로부터 방출되는 모든 종류의 에너지'라고 정의하고 있다.

앞서 배운 음식을 익혀 먹고 어두움을 밝히고 난방하는데 사용되는 '불'이 '제1의 불'이라고 하면, 인류의 생활을 혁신적으로 발전시키며 모든 가전제품과 전기차량, 드론 등을 작동하는 '전기'는 '제2의 불'이라고 할 수 있다. 그렇다면 과연 '제3의 불'은 무엇일까? 바로 '원자력 에너지'라고 할 수 있다.

원자력 발전은 우라늄 원자핵이 분열할 때 생겨나는 에너지다. 원자력은 오래전부터 화석 연료를 대신할 수 있는 에너지로 꼽혀 왔다. 원자력 개발에 가장 앞장섰던 나라는 미국이다. 지난 1948년 펜실베이니아

[Pennsylvania]주 도노라 시에서 석탄 연소로 인한 역사상 최악의 대기오염 사건인 도노라 사건46)을 경험한 미국은 원전 개발을 시작했다. 장소를 펜실베이니아주에 있는 쉬핑포트[Shippingpor]로 택한 것도 사건이 일어난 펜실베이니아주에 원자력 발전소를 건설

함으로써 화석 연료를 친환경 에너지로 대체한다는 의미를 부여한 것이다.

그 후 1982년 쉬핑포트 원자력 발전소의 운전면허가 정지되었으며, 1985년까지 9천8백만 달러[현재 가치로 2억 달러를 초과]를 들여서 그 자리를 싹 청소하였다. 현재 이 장소는 아무것도 방치되어 있지만, 바로 옆엔 비버 벨리[Beaver Valley] 원자력 발전소가 자리 잡고 있다.

흔히 원자력이라 하면 방사선 피해나 오염을 떠올리지만 실제로 원자력은 석탄이나 석유보다 온실가스인 이산화탄소를 거의 배출하지 않는 청정에너지이다.

---

46) 1948년 미국 펜실베이니아주 피츠버그시의 도노라시에서 발생한 대기오염 사건으로 도노라에서 1948년 아연 제련소와 제철소로부터 철과 아연을 생산하고 있었고, 주택가의 위치와 굴뚝 공장의 높이가 거의 같은 상황에서 10월에 기온 역전이 발생하여 계곡이 봉인되어 대기 오염농도가 증가하였다. 대기오염의 원인 물질은 아황산가스로 추정되고 있으며, 그로 인해 17명이 사망하고 많은 주민이 입원하게 된 사건이다.

그러나 방사성 폐기물의 발생과 일본의 후쿠시마 원전 사고[47] 등과 같은 방사능 유출과 같은 치명적인 문제를 가지고 있기도 하다.

21세기에 인류 전체가 직면한 심각한 문제 중 하나가 문명을 지탱해 나갈 에너지를 확보하는 일이다. 앞으로 30~40년 안에 에너지 소비량이 현재의 두 배로 늘어날 것이란 전망이 지배적이다.

'그렇다면 지구상에 그만한 에너지 자원이 있는가? 그리고 날로 위험이 커지고 있는 온난화를 피할 수 있는 에너지가 있는가?'

이런 질문은 끊임없이 나올 수밖에 없고 모든 신재생에너지는 이 문제에 대한 답을 해결하려고 하였다. 그리고 현재까지 가장 가까운 답은 '제4의 불'이라 일컫는 '핵융합 발전'이다.

원자력[핵분열]은 일반적으로 핵분열 에너지를 말하며 핵융합은 차세대 발전 방식으로 따로 분류된다. 원래 원자력을 만드는 방법은 핵분열과 핵융합이지만 현재 일반적으로 통용되는 원자력 발전은 핵분열을 이용한 것이다.

첫 사용은 제2차 세계대전 당시로, 그때까지만 해도 군사적인 목적을

---

[47] 후쿠시마 원자력 발전소 사고는 2011년 3월 11일 일본 후쿠시마현 오쿠마마치의 후쿠시마 제1 원자력 발전소에서 지진과 쓰나미로 인해 발생한 원자력 발전소 사고이며, 인류 역사상 2번째 7등급 원자력사고이다

위해서 사용되었지만, 점차 전 세계적으로 에너지 수요가 급증함에 따라 주요한 발전양식으로 자리 잡게 된다.

원자력의 가장 큰 장점은 아주적은 연료 소모로 막대한 양의 에너지를 얻을 수 있다는 것이다. 원자력은 현재까지 인류가 보유한 에너지원 중에서 입력 대비 출력이 다른 자원들과 비교 불급으로 높은 에너지원이다.

우라늄 1kg의 핵분열로 만들 수 있는 에너지가 무려 석유 200만 리터 또는 석탄 3,000톤의 에너지와 같을 정도이며, 환경 오염이 적고 전기 생산 비용 절감에 큰 도움이 된다.

하지만 큰 사고가 일어날 때 엄청난 재앙이 일어나고 원전 주변 지역은 사람이 살기 어려운 불모지가 되어버린다는 단점이 있다. 현재 인류는 원자력 그 자체를 완전히 제어할 수 있는 능력을 완전하게 갖추지 못하는 상황이다.

한편 전기는 저항 물질을 통해, 불은 연소재나 산소의 공급량 조절로서 그 힘을 제어할 수 있지만, 현재까지 원자력은 그와 같은 확실한 제어 수단, 피해 복구 수단이 확실히 갖춰지지 않았다.

과거 원자력사고로 가장 잘 알려진 체르노빌 원자력 발전소[Chernobyl

nuclear accident][48)의 대참사가 1986년 4월 26일 일어났는데, 체르노빌 원자로는 방사능으로 심하게 오염되었기 때문에 현재 기술로는 어떻게 처리할 수 없다. 그래서 현존하는 핵분열 발전 방식에 대해 다양한 대안도 연구되고 있다. 중성자 공급을 끊으면 바로 반응이 멈추는 토륨 원자로나, 사고 후유증도 적으면서 효율은 기존 핵분열 원자로보다 훌륭한 핵융합 원자로를 각국에서 앞다투어 열심히 연구하고 있다.

이를 위해 전 세계에서 연합하여 단일한 핵융합 실험로를 만드는 ITER 계획[49)이 수립되어 현재 프랑스에서 건설 중이다.

---

48) 1986년 4월 26일 구소련 우크라이나공화국 키예프주[州]의 체르노빌 원전에서 4호 원자로의 노심[爐心]이 용융, 대량의 방사성물질이 유출되어 발생한 원전 사상 최악의 방사능 오염 사고다. 발전소의 기술자들이 원자로를 4차례 시험 가동하면서 안전 절차를 위반하며 폭발 및 화재가 발생했다. 이 사건으로 유출된 방사능의 양은 1945년 일본의 히로시마와 나가사키에 투하된 원자탄의 위력을 능가하는 것이었다. 3년간 약 72명이 사망하였고, 발전소 노동자 및 주변 주민 등 수십만에서 수백만 명이 방사능에 노출되어 암, 기형아 출산 등 각종 후유증의 피해를 본 것으로 추정된다. 또한, 발전소 주변 토양과 지하수 등 이 방사능에 심하게 오염되었다. 이 사건에서 누출된 방사능은 벨로루시와 프랑스, 이탈리아 등 서유럽까지 번져 유럽에서 원자력 발전소 건립에 대한 찬반 논란을 불러일으켰다. 출처:[네이버 지식백과] 체르노빌 원자력 발전사고

우리는 그 이전부터 서울대학교 등에서 SNUT-79'[50] 등의 자체 핵융합 기술 개발을 시도하고 있었고, 이를 바탕으로 2,000년대에 이미 KSTAR[51]를 건설하여 다양한 실험을 하고 있다.

원자력의 역사는 시작 기준을 정확히 어디에 잡을지가 답답하다. 1896년 앙리 베크렐[52]이 우라늄에서 방사선을 발견했을 때, 현대적인 원자력

---

49) ITER은International Thermonuclear Experimental Reactor, 국제 핵융합 실험로] 상용화 가능 최소 핵융합 효율의 확실한 달성을 목표로 하는 국제 공동 핵융합 실험으로서, 미국, 러시아, 유럽연합[29개국], 중국, 인도, 일본, 대한민국 등 총 35개국이 참여하며 캐나다, 카자흐스탄, 태국, 호주와는 비회원 협력 관계에 있는 역사상 가장 큰 규모의 국제 연구 개발 사업이다. 이에 비견할 만한 대형 국제 합동 프로젝트는 국제우주정거장, LHC, 아르테미스 계획 정도밖에 없다. 건설단계 사업비로만 약 71.1억 유로[약 9조 5천억 원], 총사업비로는 약 131.8억 유로[약 17조 원]가 투입될 것으로 예측된다.

50) 'SNUT-79'이라는 이름은 'Seoul National University Tokamak'과 '79'의 합성어이다. 79는 개발을 시작한 1979년에서 따온 것으로 1979년에 시작한 서울대학교의 토카막[tokamak]이라는 뜻이다. SNUT-79는 망치 과학자로 알려진 플라즈마·가속기 1세대를 이끈 故 정기형 서울대 원자핵 공학과 명예교수와 제자들의 피와 땀이 어린 연구 결과물이다. 1979년에 개발을 시작한 장치는 꼬박 5년이 지난 1984년에 완공되었다. 이후 1989년 첫 플라즈마를 생성했고 이후 핵융합 기초연구를 수행했다.
[출처] 한국 최초의 인공태양 SNUT-79, 국가 중요 과학기술자료

51) 케이 스타[KSTAR]'는 'Korea Superconducting Tokamak Advanced Research'의 약자로 최첨단 핵융합 연구를 위해 한국에서 만든 초전도 토카막이라는 뜻이다. 또한, 핵융합반응으로 스스로 빛을 내는 별처럼, 한국이 전 세계에 내세울 수 있는 자랑스러운 핵융합 장치라는 뜻도 있다. 이 중 초전도[superconducting]를 뜻하는 영문 첫 글자 'S'와 토카막[tokamak]을 뜻하는 영문 첫 글자 'T'가 연구 내용의 핵심을 보여준다고 할 수 있다. 현재 핵융합 발전을 성공시키기 위해 연구되는 장치는 토카막을 비롯하여 스텔러레이터, 사기거울, 레이저 핵융합 등 다양하다 그중에서 가장 가능성이 크다고 평가되고 있는 것이 토카막으로, 도넛 형태의 진공 용기 내부에 고온의 플라즈마를 가두는 장치이다. 토카막에 플라즈마를 가두기 위해서는 높은 자기장을 장시간 유지해야 하는데, 이때 필요한 것이 초전도 전자석이다.
[출처] 한국의 핵융합을 책임진다, KSTAR [핵융합의 세계, 2015. 3월]

이 사용된 1933년 레오 실라르트가 우라늄 연쇄반응을 발견했을 때, 그리고 1942년 최초의 원자로인 CP-1이 만들어졌을 때를 각각 원자력의 시초로 잡을 수도 있다.

현대로 보자면, 1954년 소련의 오브닌스크 원자력 발전소 혹은 1956년 영국의 콜드 홀 원자력 발전소를 기준점으로 삼을 수도 있다는 것이다.

현재 전 세계의 상업적으로 운영되는 발전 원자로는 총 452기가 있고, 연간 2,700테라 와트시[TWh]를 공급하고 있다.53)

---

52) 방사능[radioactivity]으로 유명한 역사 속의 과학자로는 퀴리 부부를 떠올리는 경우가 많지만, 퀴리 부부에 앞서 방사능을 연구한 사람은 앙리 베크렐[Antoine Henri Becquerel]이다. 사실상 1903년 노벨 물리학상도 베크렐, 피에르 퀴리[Pierre Curie], 마리 퀴리[marie Curie]가 공동으로 수상했다. 현재 방사능의 크기를 재는 국제표준단위도 베크렐[Bq]로 정해져 있는데, 1초에 방사성 붕괴가 1번 일어날 때 1베크렐이 된다. [네이버 지식백과]

53) 출처:[네이버 지식백과] 인류의 희망, 국가의 희망을 발견하다

3. 제4의 불이 될 수 있는 달의 '헬륨-3'

헬륨-3는 지구에는 거의 존재하지 않고, 달 표면에 풍부한 것으로 알려져 있다. 헬륨-3는 양성자 2개·중성자 1개로 이뤄져 있는데 이것은 바닷물에 풍부한 중수소[양성자 1개·중성자 1개]와 핵융합시키면 양성자 2개·중성자 2개의 정상적인 헬륨 원자가 되면서 막대한 전기에너지를 방출한다. 1g의 헬륨-3는 석탄 약 40t이 생산해 내는 정도의 전기에너지를 생산할 수 있다.

달의 '헬륨-3'

최근 지구촌 강대국들이 각축전54)을 벌이고 있는 달 탐사의 궁극적인 목표는 무엇일까?

과거 달 탐사는 미국과 소련[현 러시아]이 주도한 냉전 시대 속에서 체제 우위를 먼저 차지하기 위한 수단으로 널리 활용되었다.

미국이 1969년 아폴로 11호를 발사하고, 닐 암스트롱55)이 인류 최초로

---

54) 각축전 [角逐戰] 승부를 다투는 싸움.
55) 닐 암스트롱 [Neil Alden Armstrong] 미국의 우주비행사. 6·25전쟁 당시 제트기 조종사로 참전하였으며, 이후 미국항공우주국[NASA]에 들어갔다. 제미니 8호의 선장으로 아제나 위성과 최초의 도킹에 성공하고, 1969년 7월 20일 아폴로 11호로 인류 역사상 최초로 달에 착륙했다. [두산 백과]

달에 발을 디뎠으나 아폴로 프로젝트56) 이후에 인류가 직접 달에 간 사례는 아직 없었다.

달에 인간이 직접 간다는 것은 현재 기술로도 굉장히 위험성이 높은데다, 달 탐사를 위해 천문학적인 비용을 생각하면 웬만한 강대국이 아니면 어림없는 일이었다.

하지만 달 표면에 존재하는 자원인 헬륨-3[Helium-3]에 대한 각국의 기대감은 여전하며, 이외에도 달에는 다양한 광물과 자원이 존재하고 있어, 달 직접 탐사를 위한 인류의 도전과 경쟁은 꾸준하게 계속되고 있다.

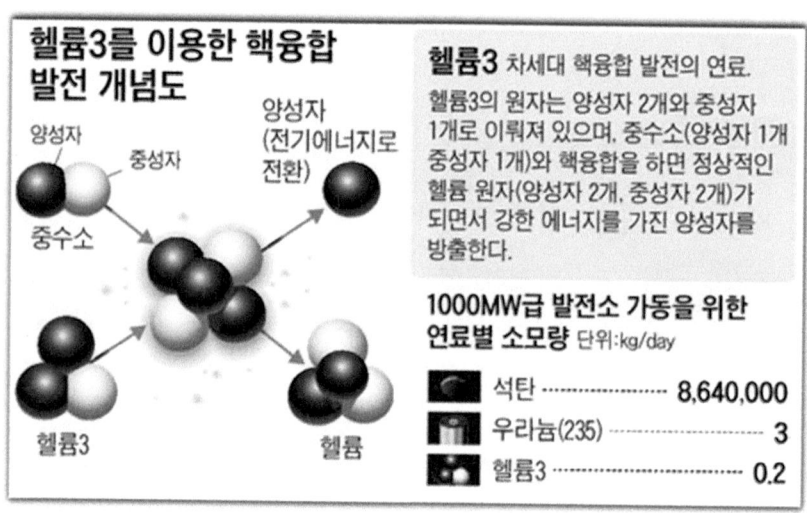

---

56) 아폴로 계획[미국의 달 탐사 계획[1966-72]; 1969년 7월 20일 첫 달 착륙 성공.

미·중 간의 치열한 경쟁

한편 미국 NASA는 50여 년 만에 다시 달 표면에 인간을 내려놓기 위한 '아르테미스[Artemis][57] 프로그램의 첫발로 지난 2022년 11월 마네킹을 태운 캡슐 '오리온'을 쏘아 올려 26일간의 임무를 마쳤다.

내년에는 탐사선을 달에 착륙시켜 여러 가지 시험을 하고, 오는 2025년에는 사람을 달에 직접 내려 달의 이곳저곳을 조사하겠다고 하였다.

그리고 2028년부터는 달에 상주 기지를 운영한다는 계획이 '아르테미스 계획'이다.

왜 미국은 갑자기 이런 계획을 세웠을까? 그 이유는 달에 있는 희귀자원 확보의 목적이 가장 크다고 볼 수 있다.

그로부터 한 달 후, 이번에는 미국 반대쪽 중국에서 세 명의 비행사가

---

[57] 아르테미스 계획[Artemis Program]은 2017년 시작된 NASA, 유럽 우주국, JAXA, 대한민국 과학기술정보통신부, 오스트레일리아, 캐나다, 이탈리아, 룩셈부르크, 영국, 아랍에미리트, 우크라이나, 뉴질랜드 등이 참여하는 유인 우주 탐사 계획이다. 2024년까지 우주인을 달에 보내고, 4차인 2026년 이후 5차에서 8차 또는 그 이상 순차적으로 달에 지속 가능한 유인기지를 건설하려는 계획이다. 이 계획에 따라 NASA는 SLS 로켓을 이용해서 오리온을 달로 보내고, 국제적인 협력을 통해 루나 게이트웨이를 지을 것이다. 특히 이 계획은 일부 달 탐사선의 개발을 민간에 위탁하는 등 민간 기업과 여러 국가 간의 협력을 통해 이루어진다. [위키백과]

우주를 향한다.

중국 유인 우주선 선저우[神舟]15호가 29일 성공적으로 발사됐다. 이번 임무는 중국 우주정거장 건설단계의 마지막이자 우주정거장 개발 시초로 볼 수 있다.

이들의 목표는 거대 우주정거장 '톈궁'을 만드는 것이다. 이 거대 구조물이 완성되면 중국은 이를 '달 탐사 전초기지'로 쓸 예정이다.

중국은 달 탐사 계획 '창어[嫦娥]'에 따라 2024년엔 달 남극을 탐사하는 창어 6, 7호를 발사하고 이르면 2027년 창어 8호를 발사한다. 그리고 2030년 이후엔 달 남극 기지 건설을 진행한다는 혁신적인 목표를 세우고 있다.

미·중 두 국가는 '달의 패권'을 놓고 이같이 진검으로 승부를 펼치고 있다.

달 탐사에 한참 뒤질 거 같던 중국이 미국보다 먼저 달 반대쪽에 착륙선을 내린 것도 지금의 경쟁에 기폭제가 되었다.

두 나라의 경쟁에 이어, 민간 기업까지 '성조기와 오성홍기'를 걸고

가세하면서, 말 그대로 '우주 전쟁'이 시작되었다.

NASA의 빌 넬슨 국장은 '우리가 우주 경쟁을 하고 있다는 것은 사실'이라고 했다.

그는 "중국이 달에 발판을 마련한 뒤 가장 자원이 풍부한 곳을 점령하려 할 가능성이 있다. 그리고 이곳에서 미국을 내쫓으려 할 수도 있다."라면서, "미국과 중국의 달 경쟁이 점점 심해지면서 향후 2년 안에 누가 우위를 점할지 결판날 것이다."라고 말했다.

'헬륨-3'은 화석 연료 및 원자력을 대체할 수가 있을까?

헬륨-3에는 화석 연료 및 원자력을 대체할 수 있는 새로운 에너지원으로서 주목돼 왔다.

화석 연료는 지구 온난화와 같은 환경오염과 짧은 시간 내에 고갈될 우려가 제기되고 있으며, 원자력 에너지는 방사능 위험성과 폐기물 처리가 늘 골칫거리였다.

반면에 헬륨-3에는 지속해서 태양풍에 의해 달에 차곡차곡 퇴적되고 있어 고갈 우려가 전혀 없다.

또한, 헬륨-3을 활용한 핵융합 발전은 우라늄이나 토륨을 기반으로 한 원자력보다 효율이 5배 높으면서도 유해 방사성 폐기물이 나오지 않아 친환경적인 물질이다.

헬륨-3에는 달에 최소 100만 톤에 달하는 엄청난 양이 매장된 것으로 추정된다.

헬륨-3 1톤이 약 3,000억 원의 가치가 있는 것을 고려하면 달 전체 부존하는 헬륨-3에는 그 가치가 무려 계산이 어려운 100경58) 원에 달할 정도로 추산된다.

이를 금으로 환산해 본다면 헬륨-3 1톤의 가치가 금 6톤의 가치와 맞먹을 정도이며, 헬륨-3 1톤으로 지구 70억 인구가 대략 1년 치를 쓸 수 있는 막대한 에너지를 얻을 수가 있다.

100만 톤이면 우리 인류가 100만 년은 쓸 수 있는 도저히 상상할 수 없는 양이다.

이러한 헬륨-3의 높은 가치는 달 직접 탐사를 위한 새로운 동기부여59)를 이끌고 있으나, 투자 위험성이 너무 높아 국가 차원에서의 직접적인 사업 주도는 어려운 실정이다.

하지만 헬륨-3의 매력으로 인해 미국, 유럽, 일본, 중국 등 많은 국가와 민간 기업들이 달 탐사와 직·간접적으로 관련된 많은 사업과 연구를 의욕적으로 추진하고 있다.

---

58) 100경 = [1,000,000,000,000,000,000]

59) 동기부여[動機賦與] : 사람이나 동물에게 어떤 자극을 주어 행동을 하게 하는 일.

헬륨-3을 채굴하기 위해서는 기술적 과제를 극복하고 경제성을 확보하는 것이 관건이다.

핵융합 원자로

핵융합[核融合/Nuclear fusion]은 고에너지가 플라즈마 상태에서 원자핵들이 융합되어 더 무거운 원자핵이 되는 반응을 말한다.

이때 질량이 손실되면서 발생하는 막대한 에너지 또한 그 부산물이다. 핵융합보다 더 큰 의미로 핵 합성이라는 단어도 있다.

헬륨-3 기반의 에너지를 활용하려면 핵융합 원자로가 필요한데, 이 원자로를 통해 에너지를 생산하는 과정이 아직 개발 중이며, 상용화되지 않은 것이 가장 큰 문제로 지적된다.

핵융합 에너지는 기술 검증에만 수십 년 이상 소요되며, 핵융합 원자로의 상용화 또한 2055년 이후에나 가능할 것으로 예상한다.

헬륨-3을 이용한 핵융합 에너지의 효과적인 활용이 가능한지에 대해 여전히 불확실성이 남아 있고, 달 탐사에 대해서도 부정적인 견해들이 제기되고 있다.

과거 2013년에 우리나라 '아리랑 5호'를 러시아에 위탁하여 발사하였는데, 1.4톤의 아리랑 5호 발사비가 300억 원이나 투자되듯, 달에 기지를 건설하고 인간이 체류하면서 자원을 채취하려면, 필요한 장비의 무게가 무겁기에 이를 쏘아 올리는 발사비만 천문학적인 비용이 든다. 하지만 실패 요인이 다양하고 성공확률이 낮아서 비용에 대한 부담을 감내해야 한다.

위성 발사 자체도 위험하지만, 달기지에서의 생활은 더 어렵다. 낮 기온이 영상 127℃까지 오르고, 밤에는 영하 173℃까지 떨어지는 달은 살아가기에 매우 위험하다.

또한, 20년 안에 이 정도로 핵융합 기술이 발전하기도 힘들고, 설사 발전한다 해도 상용화하는 데는 더 많은 시간이 걸린다. 그리고 달에서 헬륨-3의 현지 채굴과 지구로의 운송 과정이 기술적으로 쉽지 않고, 여기에도 엄청난 비용이 소요되는 등 기술적·경제적 한계는 이미 여러 차례 지적된 바 있다.

더불어 향후 지구로 들여온 헬륨-3의 공급망과 비즈니스 모델 구축, 국제 우주법안 마련 등을 고려하면 헬륨-3의 미래는 여전히 불투명하다.

달의 자원 채굴 및 문제점

달에는 앞서 말한 헬륨-3을 비롯하여 전자제품이나, 반도체, 전기 자동차 배터리 등의 주원료가 되는 희토류도 많이 있다. 그리고 달 표면에는 실리콘, 철, 알루미늄, 티타늄, 칼슘, 마그네슘 등 헬륨-3보다 활용이 쉬운 다양하고 풍족한 자원들이 널리 분포하고 있다.

과거 아폴로 11호의 달 착륙 계획은 냉전 시대 때 미국과 소련의 기술력에 대한 자존심 대결에서 비롯되었다. 결국, 소련의 체제가 붕괴되고, 아무런 목적이나 이득이 없어서 미국은 3년 후에 달 탐사 계획을 전면 중단하게 된다.

그 당시 미국이 아폴로 계획에 쏟아부은 돈은 250억 달러, 현재 가치로 환산하면 약 220조 원으로 우리나라 1년 예산의 1/3에 해당하는 엄청난 비용이 들었다.

과거의 아폴로 계획은 미국과 소련 간의 기술력 대결이었다고 보면, 현재는 그 목적이 자원을 확보하고 채굴하기 위한 것이며 미국을 비롯하여 러시아·중국·일본·프랑스·인도 등 각국의 노선이 심화하고 있다.

한편 '달은 어느 국가의 소유로 할 것인가?'라는 등의 여러 논쟁이 남아 있음에도, 달 탐사를 먼저 해서 달에 대한 다양한 기술을 많이 확보하는 나라가 달의 자원을 먼저 채굴하는데 유리한 고지를 확보할 수가 있기 때문에, 중국은 발 빠르게 달 탐사를 진행하고 있다.

한편 달의 표면에는 물이 존재할 수 없다고 한다. 태양에 의해 표면 온도가 올라가 물이 수증기로 기화되어, 수소와 함께 우주로 사라지기 때문이다. 그러나 1960년대부터 과학자들은 달 극지방의 지하에 얼음이 있을 수 있다고 추측했다. 달 표면에 깔린 얇은 층의 가스에서 물 분자도 탐지했다고 추측하나 아직 확실한 것은 밝혀지지 않았다.

이처럼 헬륨-3의 채굴을 비롯한 여러 자원의 채굴에 앞서, 달에서 물과 태양 빛을 어떻게 확보할 것인지도 근본적인 문제로 지적된다.

달에 자원 채굴 기지를 건설해 사람이 거주할 때도 물은 필수적이다. 물을 전기분해를 통해 수소를 추출하여 달 수송선 연료를 얻을 수 있어서 물 확보는 꼭 해결해야 할 과제 중 하나다.

한편 물을 대형 물탱크에 담아 지구에서 국제우주정거장으로 수송하는 과정은 실로 엄청난 비용이 소요되기 때문에, 달에서 물을 자급자족60)할 수 있는 기술을 먼저 선행하고, 이를 확보한다면 자원 채굴 경제성을 크게 높일 수 있다.

---

60) 자급자족[自給自足] : 필요한 것을 자기가 생산하여 충당함.

따라서 달의 극점과 같이 얼음이 많아 물을 얻기 쉬운 지역들을 선점하기 위한 경쟁이 불가피하다.

또한, 달에서 일정한 태양 빛을 쬘 수 있는 영역이 거의 없는 것도 문제이다.

달은 지구와 달리 태양광을 80% 이상 받을 수 있는 영역이 매우 좁으므로 달에 착륙한 달 기지가 태양열 에너지를 활용해 연료를 얻기가 쉽지 않다.

이러한 문제들로 인해 달의 자원 채굴에 대한 조건 없는 계획을 정하기보다 먼저 달에서 물이나 햇빛, 우주선 연료 등 기초 에너지원을 얻는 기술을 원천적으로 확보해야 한다는 주장들이 힘을 얻고 있다.[61]

---

[61] 출처: 정현섭 객원기자 jhs3576@naver.com ⓒ Science Times

양 원 동

특허를 통해 세상에 이로움을 더하기 위해 불철주야 발명에 매진하고 있는 발명박사로서 1997년 (주)월드린을 창업하고, 치과용 워터 시스템을 시작으로 1,200개의 특허를 내고, 특허를 누구나 낼 수 있도록 돕는 일을 계속해 오고 있으며, 발명과 특허 기술을 통해 대통령 표창을 비롯하여 장관상 등 다수의 상을 수상하였고, 대학에서 강의를 통해 많은 발명 후계자를 양성하여 왔고, IT시대에 맞춰 새로운 기술과 시대에 적합한 발명인재를 양성하기 위해 프로그램을 개발하여, 젊은 IT 발명인재를 양성중이다.

달려라 원시 발명왕 폴
- 불의 발견

1판1쇄 인쇄 | 2023년 7월 21일
1판1쇄 발행 | 2023년 7월 24일

저　　자 | 양원동
발 행 인 | 김정연
발 행 처 | 사이버북스
전　　화 | (02)848-6723
팩　　스 | (02)848- 6724
이 메 일 | cyberbooks@nate.com
홈페이지 | http://cyberbooks.co.kr

ISBN 979-11-91857-22-1 (73300)

* 저자와의 협의에 의하여 인지를 생략합니다.
* 저작권법에 의해 보호를 받는 저작물이므로 무단 전재와 복제를 금합니다.

정가 15,000원